# 樵岭前村志

*LOCAL RECORDS OF QIAOLINGQIAN*

山东省淄博市博山区山头街道樵岭前村志编纂委员会　编

**图书在版编目（CIP）数据**

樵岭前村志 / 山东省淄博市博山区山头街道樵岭前村志编纂委员会编. -- 北京：方志出版社，2019.12

（中国名村志丛书）

ISBN 978-7-5144-4037-9

Ⅰ. ①樵… Ⅱ. ①山… Ⅲ. ①村史—淄博 Ⅳ. ① K295.25

中国版本图书馆 CIP 数据核字（2019）第 273829 号

· 中国名村志丛书 ·

**樵岭前村志**

**编　　者**：山东省淄博市博山区山头街道樵岭前村志编纂委员会
**责任编辑**：王　品

**出 版 者**：方志出版社
地址　北京市朝阳区潘家园东里 9 号（国家方志馆 4 层）
邮编　100021
网址　http：//www.fzph.org
**发　　行**：方志出版社图书经销中心
电话　（010）67110500
**经　　销**：各地新华书店
**排　　版**：北京纺印图文设计制作有限公司
**印　　刷**：北京中科印刷有限公司

**开　　本**：787 × 1092　　1/16
**印　　张**：12.25
**字　　数**：218 千字
**版　　次**：2019 年 12 月第 1 版　　2019 年 12 月第 1 次印刷

ISBN　978-7-5144-4037-9　　**定价**：108.00 元

# ◉ 序一

中共十九大报告明确提出："坚定文化自信，推动社会主义文化繁荣兴盛。""没有高度的文化自信，没有文化的繁荣兴盛，就没有中华民族伟大复兴。要坚持中国特色社会主义文化发展道路，激发全民族文化创新创造活力，建设社会主义文化强国。"编修地方志是中华民族千百年来的固有传统，留下了浩如烟海的历史文献，承担着传承中华文明、发掘历史智慧的重任，发挥着存史、育人、资政的作用。

在习近平新时代中国特色社会主义思想指引下，在增强文化自信、推动传统文化创造性转化、创新性发展背景下，全国地方志事业迎来了开拓创新与转型升级的重要机遇期。中国地方志指导小组及其办公室组织实施的中国名村志文化工程，用中国独有的文化载体——地方志，来记录乡村的"名"和"特"，记录乡村全面建成小康社会的进程和取得的成就，是地方志围绕以人民为中心开拓创新的具体举措，是传承乡土文化、坚定文化自信、加快建设社会主义文化强国的内在要求，是服务乡村振兴战略、加快全面建成小康社会、推进社会主义现代化建设、实现中华民族伟大复兴中国梦的应有之义。

实施中国名村志文化工程，是方志人贯彻落实习近平总书记"农村要留得住绿水青山，系得住乡愁"重要讲话精神的重要举措。"望得见山、看得见水、记得住乡愁……"习近平总书记用诗意的语言为中国的新农村建设指明了方向。开展新农村建设、美丽乡村建设，一定要把绿水青山保留下来，尽可能在原有村庄形态上改善农民生活条件，不盲目拆旧，也不盲目造新，让家乡的每一条河、每一棵树、每一口井，都能永远成为我们的乡愁。这是我们弘扬传统、面向未来的底气所在。那么，如何留住乡音、乡风、乡思，继承传统文化菁华，挖掘历史智慧，成为极其重要的工作。实施中国名村志文化工程，保护抢救、传承保存、开发利用宝贵的村落文化，重新唤起人们记忆中古老村落的青山绿水、小河大树、轶事掌故，打造完整记录乡村发展嬗变和现代化农村经济社会运行模式的系列中国名村志丛书，让乡土文化回归并为困惑的当代人提供精神家园，让农耕文化的优秀菁华成为建构农村文明的底色，无疑具有重要的现实意义和深远的历史意义。

实施中国名村志文化工程，是方志人贯彻落实党中央乡村振兴战略的鲜活实践。中共十八大以来，以习近平同志为核心的党中央高度重视农业、农村、农民工作，提出了许多新理念、新思想、新战略，特别是中共十九大报告作出实施乡村振兴战略的重大部署。2018 年 9 月 26 日，中共中央、国务院印发《乡村振兴战略规划（2018—2022 年）》，明确提出“鼓励乡村史志修编”。深入推进中国名村志文化工程，有利于全面翔实记录乡村振兴进程，客观记载地理环境、历史沿革、姓氏源流、人口、民族、方言、民居、宗祠、风俗习惯、家谱族谱、家规族规、宗教信仰、文物遗址、掌故传说、历史事件、人物等，完整保留乡土文化的原貌。所有这些工作，可以为延伸地方志工作触角，充分发挥志书存史、育人、资政功能提供借鉴；可以为社会各界和华人华侨、港澳台同胞寻根问祖、反哺桑梓、泽被乡里提供帮助。依托中国名村志文化工程的重要平台与载体，乡村振兴战略下的现代乡村将进一步挖掘自身独特内涵，彰显其新时代的作用及意义。

中国名村志文化工程从新时代中国特色社会主义的新需求出发，创新体例，立足实际，内容既严谨又通俗，展示了不同地区自然和社会风貌，在坚持志体基础上运用专题报告、回忆录、人物访谈、新闻资料等多种手法，重点介绍农村地区在转型发展方面的探索、示范、引领意义，对于不断提高地方志事业围绕中心服务大局的能力，为乡村改革发展贡献历史智慧，讲好中国故事，彰显中国软实力，增强“四个自信”等方面具有积极意义。

两年来，在借鉴中国名镇志丛书及各地乡镇（村）志宝贵编纂经验的基础上，中国名村志丛书编修不断取得丰硕成果，产生了良好的社会效益，新一批中国名村志的申报数量、覆盖范围延续强劲增长态势，充分体现出强大的内生动力。下一步，要总结经验、把握规律，为服务国家城镇化建设和乡村振兴战略打造更多优秀文明成果，推动中华优秀传统文化创造性转化和创新性发展，从中提炼出适合新时代、新形势、新变化、新要求的文化精髓，展现中国方志的当代价值和世界意义。

是为序。

中国社会科学院院长
中国地方志指导小组组长　谢伏瞻

# 序二

连绵不断地编修地方志是中国独有的优秀文化传统，承担着赓续文明、传承文化的重任。保存至今的 8000 余种、10 万余卷历代方志，蕴含着传统文化基因和海量文化信息，既是中华优秀传统文化的重要组成部分，又是传承、彰显中华优秀传统文化的重要载体。

在各种类型的地方志编纂中，村志编纂古已有之，但从未进入国家层面的地方志编纂序列。新中国成立以来，党中央、国务院高度重视包括村志编纂在内的地方志工作，出台了重要文件。中央领导发表了重要讲话、作出了重要批示。习近平总书记高度重视包括村志编纂在内的地方志工作。2004 年 10 月，他在担任浙江省委书记时到江山市凤林镇白沙村考察，看到村民编纂的《白沙村志》，鼓励村民把村志继续编纂下去。2014 年 4 月，副总理刘延东在与第五次全国地方志工作会议部分会议代表座谈时指出："要结合发展的新形势，加强对地方志包括部门志、行业志、专题志、乡镇村志编纂的业务指导和服务。"2015 年 8 月，国务院办公厅印发的《全国地方志事业发展规划纲要（2015—2020 年）》，正式将中国名村志文化工程列为主要任务之一。2017 年 5 月，中共中央办公厅、国务院办公厅印发的《国家"十三五"时期文化发展改革规划纲要》指出："完成省、市、县三级地方志书出版工作。开展旧志整理和部分有条件的镇志、村志编纂。"可以说，村志编纂迎来了历史上的最好时期。

农业、农村、农民"三农"问题，是数千年来影响中国社会发展最核心的问题。中共中央高度重视"三农"工作，从 2004 年起，连续 13 年，每年的中央 1 号文件都聚焦"三农"。中共十九大报告更是提出"农业农村农民问题是关系国计民生的根本性问题，必须始终把解决好'三农'问题作为全党工作重中之重"，特别是提出了"乡村振兴战略"，这是中国共产党在中国特色社会主义进入新时代后，对农村发展问题所做出的准确把握和与时俱进的战略应对，是建设中国特色社会主义强国战略的重要组成部分。改革开放近40年来，在党中央、国务院高度重视社会主义新农村建设的新形势下，各地涌现出一大批历史文化名村、经济强村、新农村建设示范（试点）村、美丽乡村和特色村，成为先进生产力和先进文化的代表。客观记录中国农村全面建成小康社会的进程，向后人展示在中国共产党领导下农村千年未有的巨变，是地方志工作者肩负的光荣而重大的历史使命。编纂中国名村志丛书，是记载当代中国农村发展变革的重要途径。

文化寻根，寻的是其发展的源头和根基。村落是中国传统文化的根基所在。农村的生产生活方式、社会规范、宗族文化、宗教文化、民风习俗、传统节日、民间艺术等，无不镌刻着中国人独特的民族性格，这就是家国情怀、文脉绵延、精神归属。在快速城镇化进程的冲击和开发性破坏下，大量传统村落面临消亡的危机，村落蕴含的历史文化信息也流失殆尽，抢救性保护刻不容缓。编纂中国名村志丛书，是保存村落历史文化信息，抢救、保护村落文化最好的方式。

一方水土养一方人。家乡的山水草木、村间小巷、乡俗民情会在每个人心头留下深刻的烙印，这就是故土情结。而村落的形成与发展离不开人的活动。编纂中国名村志丛书，通过记述村落建筑、名门望族来追溯村落的历史；通过记述村落规模、布局、人口、物产等反映人口来源、宗族兴衰、生活习惯、文化背景、宗教信仰、经济发展等，体现环境与人相互影响、相互作用、相互发展的既矛盾又统一的关系；通过记述戏剧、音乐、舞蹈、美术、文学、手工技艺等文化形式，展示百姓在长期的生产生活实践中摸索和总结出的智慧结晶，强化人们沟通感情的纽带。编纂中国名村志丛书，是传承乡俗、诉说乡音、记住乡愁、纾解乡思，激活历史传统、唤起共同文化记忆、塑造共同心灵认同的重要文化工程。

中国名村志文化工程以践行文化自信、传承中华文脉、彰显时代发展为己任，以打造全国地方志系统的重要品牌为目标，在体裁运用、篇目设置、资料选择等方面进行大量的创新，突出“名”和“特”，拣选各个名村中最值得记述、最具有代表性的人、事、物，予以浓墨重彩的描画，从而形成系列的、高质量的、可读性强、雅俗共赏的地方志读本，让地方志紧接地气、贴近百姓，让地方志成果进入寻常百姓家，让人民群众共享地方志成果，让越来越多的人从地方志中感知传统、历史和记忆，成为传统村落和传统文化的守护者，成为中华优秀文化的传承者。

是为序。

中国社会科学院原院长
中国地方志指导小组原组长　王伟光

# ◉ 序三

习近平总书记指出："让居民望得见山，看得见水，记得住乡愁。"这句富有诗意的重要论述不仅唤醒了中国人城镇化建设过程中对于人和自然关系、人和历史关系的思考，同时也引发了学界对"乡愁"进一步进行文化意义解读的兴趣。从本质上看，乡愁是一种源自主体体验的情感，隐含了一种人们带着乡愁追寻自我生存与生命意义、追寻诗意栖居的精神家园的美学思辨。同时，这种追寻自我生存的主体逐渐转向大众群体，乡愁也由传统单一的"文化乡愁""爱国情怀"演变为对于"理想家园"的精神追求。

中国有近 60 万个村庄，约有 5000 个古村落，被住房城乡建设部和国家文物局界定的传统村落就有 1561 个。随着中国城镇化步伐的加快，乡村的版图日渐凋敝，大批农村青壮年劳动力走进城镇，融入了新的生活。然而，每逢传统佳节，那种挥之不去的离愁别绪挟裹着亿万农民工，又融入了返乡的滚滚洪流。这是乡愁的情愫牵动着他们，是故乡的山、故乡的水、故乡的老屋、故乡的小吃在牵动着他们，是故乡家家户户的楹联和口口相传的故事，以及只有在隆重的传统佳节才有的古老的民风习俗在牵动着他们。

文化可以体现一个民族、一个国家、一个社会的重量与体温，这是文化的力量之所在，而村落是传统中国的根脉所系，乡土社会是最能够体现中国传统文化特征的地方。梁漱溟曾指出："中国文化是以乡村为本，以乡村为重，所以中国文化的根就是乡村。"我曾在《建设社会主义新农村的理论与实践》一书中指出，在新农村建设的过程中，必须"保护和发展有地方和民族特色的优秀传统文化，创新农村文化生活的载体和手段，满足农民群众多层次、多方面的精神文化需求"，而编纂村志尤其是实施中国名村志文化工程就是一个重要举措。实施中国名村志文化工程，编纂中国名村志丛书，以最基层的村落为研究对象，寻根传统村落的历史，梳理村落的发展脉络，以唤起人们的归属感和认同感，探索新型城镇化和社会主义新农村建设过程中，如何留住乡音、乡风、乡思，继承传统文化精华，挖掘丰富历史智慧，是贯彻落实中央城镇化工作会议精神和中共十九大提出的“乡村振兴战略”的重要举措，是当前和今后一个时期全国地方志工作者的重要工作。

虽然村落文化正在日益远离当下生活，但我们可以抓住诸如基本村情、文物胜迹、古村保护、特色文化、旅游名胜、村域经济、风土民情、村民生活、新农村建设、艺文杂记、名人与名村等关键内容，通过志书的手法来诠释乡村文化的精华。我们如实记录着村落里的人和事，以及青山绿水、小河大树、袅袅炊烟，力争以最完整、最原真的方式呈现村落的前世今生。我们要为“迷失”的人留住乡村文化的根脉，让人们难以割舍的乡愁得以慰藉和释放。

中国名村志文化工程将触角伸向那些极具代表性的村落，它们有的历史悠久、名人辈出，有的经济腾飞、重获新生，有的风景秀丽、景观独特，有的地处边陲、神秘莫测……我们挖掘中国不同类型村落的发展之路，为探索新型城镇化和社会主义新农村建设的发展经验、发展模式、前进道路提供历史智慧和现实借鉴。因此，打造以重在表现乡村嬗变为主旨的中国名村志丛书十分必要和迫切，这是一项功在当代、利在千秋的文化工程。

近年来，随着中国经济社会的发展和国际地位的提高，越来越多的人想要认识中国、了解中国、研究中国。在这样的形势下，乡村是不可或缺的一环，我们要集中讲好发生在乡村的故事，向世界呈现一个多元的、立体的中国。乡村历经岁月变迁的风雨，见证着改革开放的步伐，寄托着数代中国人的情感。发生在乡村的故事无疑是血肉丰满的、震撼人心的、引起共鸣的。我们应该有这个自信能够讲好乡村故事，讲好中国故事，描绘出中国的底色，“让每一个中国人都能在地方志中找到自己的位置”。

可喜的是，越来越多的有识之士认识到了这一点，加入到保护、传承、发展村落文化的队伍中来。仅就编纂中国名村志丛书来看，第一批的申报范围就涵盖包括香港特别行政区在内的32个地区，申报数量高达70余部。“直笔著信史，彰善引风气，为当代提供资政辅治之参考，为后世留下堪存堪鉴之记述”，这是我们的初心和使命。希望中国名村志文化工程的实施，能够带动更多的人关注中国乡村文化，为社会主义文化强国建设作出更大的贡献。也希望越来越多的名村都来融入继承中华文化传统、颂扬中华传统文化的活动中，让正能量更多地润泽温暖人们的心灵，让更多的人“记得住乡愁”！

是为序。

中国社会科学院原副院长
中国地方志指导小组原常务副组长 李培林

## 中国名村志丛书编纂委员会



## 中国名村志丛书编纂委员会办公室

## ◉ 山东省淄博市博山区山头街道樵岭前村志编纂委员会

**主　　任**　孙丰彬

**委　　员**　李志芹　孙丰伟　孙荣彬　刘广海

**特邀顾问**　李　宁

## ◉ 山东省淄博市博山区山头街道樵岭前村志编审人员

**主　　审**　许艳萍　黄淑志

**特邀编审**　徐　杰　郭延志

**主　　编**　孙丰彬

**执行主编**　焦方刚

**副 主 编**　刘广海

**编辑人员**　徐传国　赵增明　刘持广　刘同丙　李志雁
孙希三　孙启伟　刘　红　刘　霞　郭艳芳
栾凤娇　刘翠娟

**图片编辑**　韩祥龙

**图片摄影**　赵新喜　孙兆明　孙丰彬　刘新喜　孙希国
刘广海　孙冬梅　李志雁　李春国　宋伟东
孙丰伟　刘新永　刘维国　刘靖宇　刘新仕

樵岭水乡

# ◉ 中国名村志丛书凡例

一、以马克思列宁主义、毛泽东思想、邓小平理论、“三个代表”重要思想、科学发展观、习近平新时代中国特色社会主义思想为指导，坚持辩证唯物主义和历史唯物主义的立场、观点和方法，存真求实，全面、客观、系统记述中国名村村落发展变化进程和改革开放成果，传承和抢救乡土历史文化，激发爱国爱乡情怀，留住乡愁，为探索中国特色新型城镇化建设、服务乡村振兴战略提供历史智慧和现实借鉴。

二、为全面反映入志事物发展脉络，各志上限尽量追溯至事物发端，下限一般断至各村志启动编修年份，个别重大事项可延至搁笔。详今明古，着重反映时代特色和地方特点，重点体现各村的“名”与“特”。

三、记述地域范围以下限年份的行政辖区为主。为体现名村在更大区域内的意义，可以从更开阔的区域视野记述与该村相关的内容。

四、统一采用纲目体，设类目、分目、条目三个层次。横排门类，纵述史实，述而不论。

五、综合运用述、记、志、传、图、表、录等各种体裁，以志体为主。体裁运用适当创新，篇目设置不求面面俱到，一般意义上的村级内容略去不载。

六、除引用文字和附录文献资料外，统一使用规范的现代语体文记述，行文力求朴实、严谨、简洁、流畅、优美，具有较强可读性。

七、人物部类遵循“生不立传”原则，人物传主按生年排序，只选录对本村发展有重大影响的人物，不面面俱到。

八、各项数据一般采用国家统计部门数据。数据缺乏的，采用主管部门或主办单位正式提供的数据。

九、数字用法、标点符号、计量单位分别执行国家标准《出版物上数字用法》

（GB/T 15835—2011）、《标点符号用法》（GB/T 15834—2011）、《国际单位制及其应用》（GB 3100—1993）和《有关量、单位、符号的一般原则》（GB 3101—1993）。历史上使用的计量单位，如斗、石、里、尺、磅、华氏度等，在引文时可照录。考虑到社会使用习惯，全书中亩不统一换算。

十、中华民国成立前的纪年，使用朝代年号纪年，括注公元年份；中华民国成立后的纪年，均使用公元纪年。志中所称“解放前（后）”，以该村解放日为界；“新中国成立前（后）”，以中华人民共和国成立日 1949 年 10 月 1 日为界；“改革开放前（后）”，以 1978 年 12 月中共十一届三中全会召开为界。本志“×× 年代”，凡未加世纪者，均指 20 世纪。

十一、为节省篇幅，避免重复，本志采用条目互见法。参见条目的表示形式为：参见本志“×× 类目 · ×× 分目 · ×× 条目”。

十二、对旧志、古籍中的繁体字、冷僻字一般用简化字或通用字替换，易引起误解的则保留。

十三、记述各个历史时期的党派、机构、职务、地名等，均以当时的名称为准。对频繁使用的名称，首次用全称并括注简称，其后用简称。

十四、各村志需要单独说明的事项，均在各自编纂始末中记述。

# 樵岭前村在中国的位置

黑龙江省
哈尔滨
吉林省
长春
沈阳
辽宁省
内蒙古自治区
呼和浩特
北京
北京市
天津市
天津
河北省
石家庄
太原
山西省
渤海
黄海
博山区
樵岭前村
济南
山东省
乌鲁木齐
新疆维吾尔自治区
甘肃省
银川
宁夏回族自治区
西宁
青海省
兰州
陕西省
西安
郑州
河南省
江苏省
安徽省
合肥
南京
上海
上海市
杭州
浙江省
东海
西藏自治区
拉萨
四川省
成都
重庆市
重庆
湖北省
武汉
长沙
湖南省
南昌
江西省
福建省
福州
钓鱼岛
赤尾屿
台北
台湾省
台湾岛
贵阳
贵州省
昆明
云南省
广西壮族自治区
南宁
广东省
广州
香港
澳门
东沙群岛
海口
海南省
海南岛
西沙群岛
永兴岛
中沙群岛
黄岩岛
南海
南沙群岛
曾母暗沙
黄河
长江
图例
北京 首都
天津 省级行政中心
未定 国界
省、自治区、直辖市界
特别行政区界
名村所在县级区域
名村
1：32 000 000
审图号：GS（2019）4178号

# 樵岭前村在山东省的位置

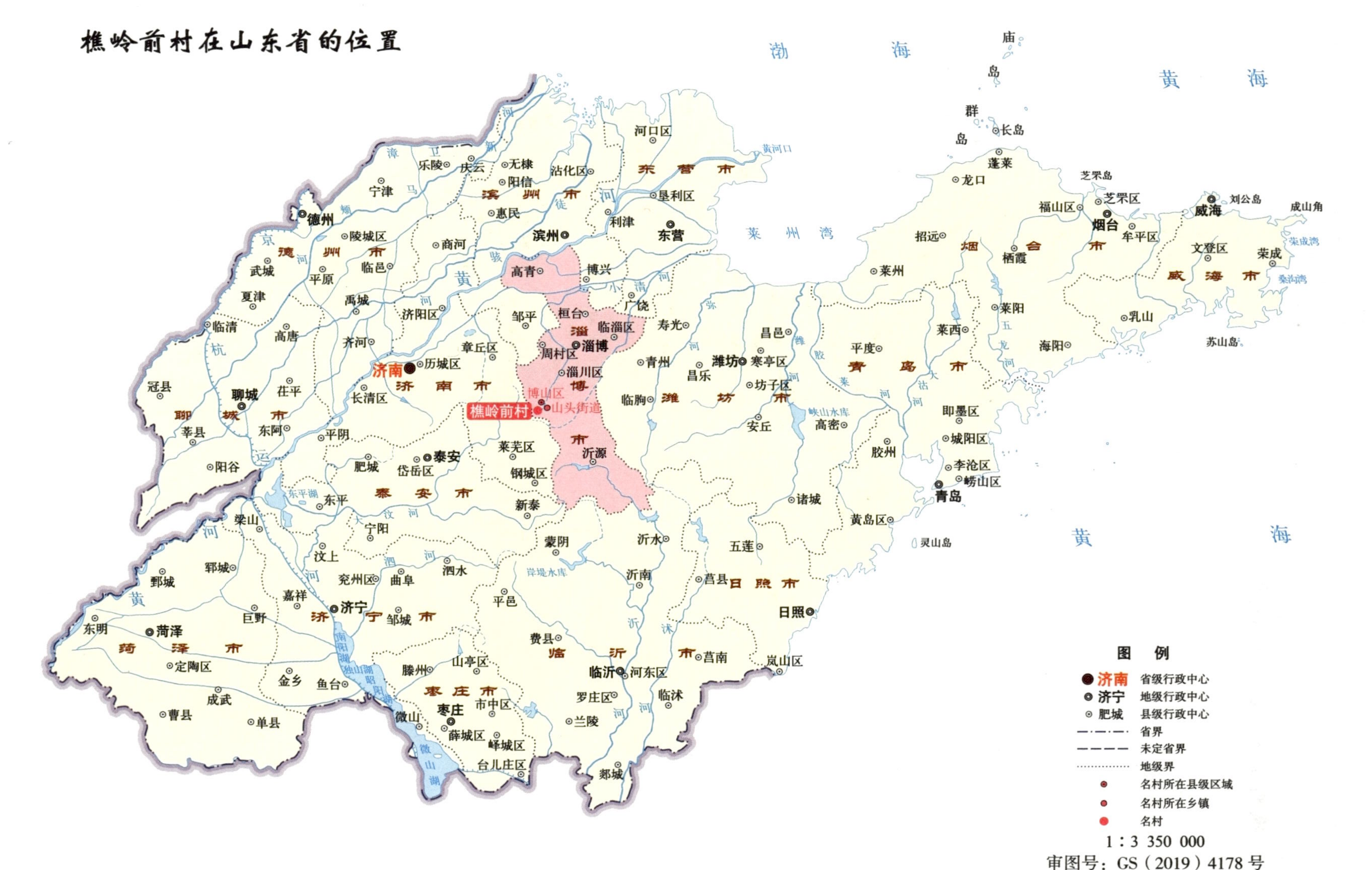

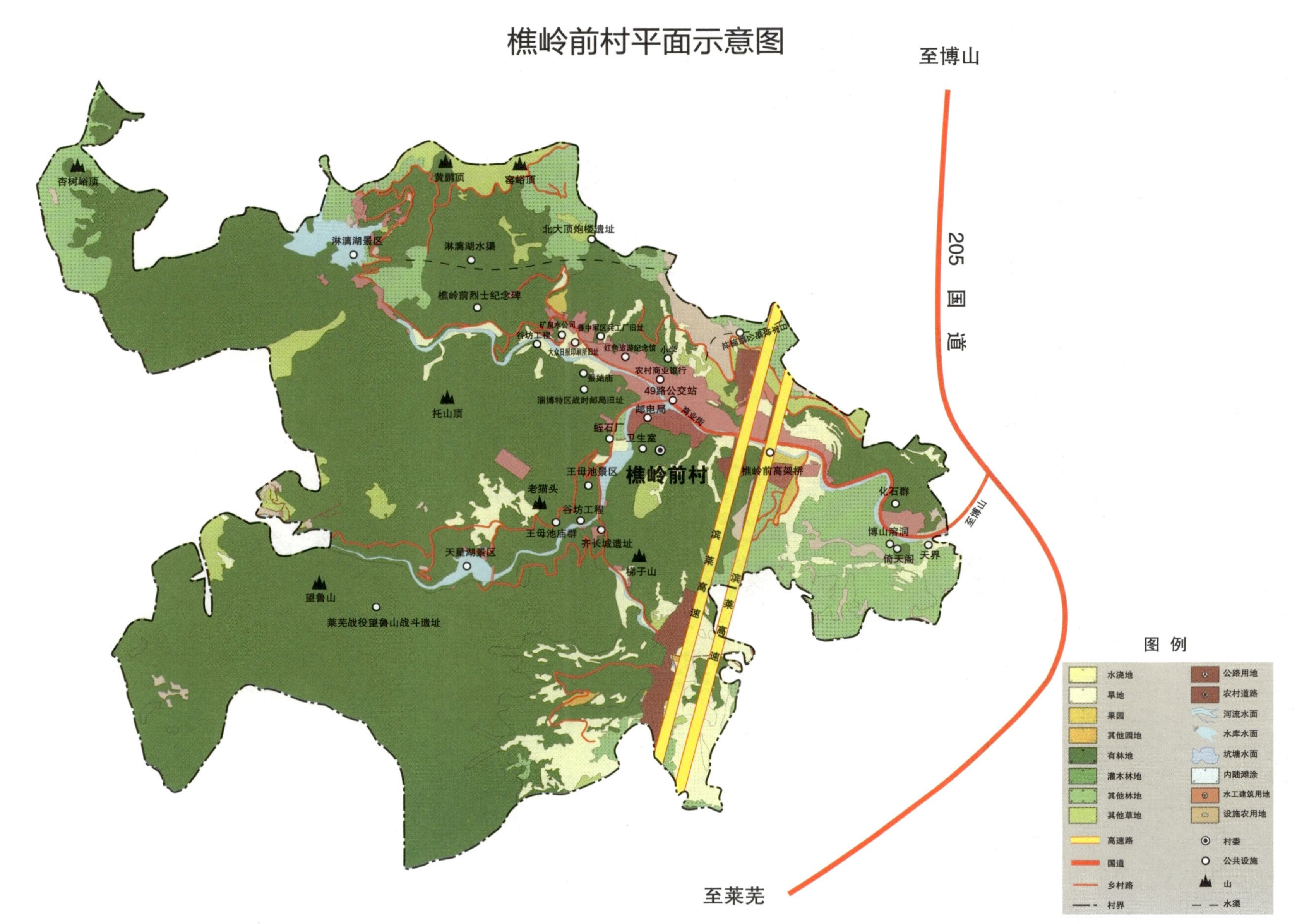

樵岭前村平面示意图
至博山
205 国道
至莱芜
至博山
杏树峪顶
黄鹂顶
寄峪顶
北大顶炮楼遗址
淋漓湖景区
淋漓湖水渠
樵岭前烈士纪念碑
矿泉水公司
鲁中军区兵工厂旧址
谷坊工程
大众日报印刷所旧址
红色旅游纪念馆
小学
农村商业银行
蚕姑庙
49路公交站
淄博特区战时邮局旧址
邮电局
商业街
托山顶
蛭石厂
卫生室
王母池景区
樵岭前村
樵岭前高架桥
老猫头
谷坊工程
王母池庙群
齐长城遗址
天星湖景区
梯子山
望鲁山
莱芜战役望鲁山战斗遗址
滨莱高速
化石群
博山溶洞
倚天阁
天界
图例
水浇地
旱地
果园
其他园地
有林地
灌木林地
其他林地
其他草地
高速路
国道
乡村路
村界
公路用地
农村道路
河流水面
水库水面
坑塘水面
内陆滩涂
水工建筑用地
设施农用地
村委
公共设施
山
水渠

樵岭前村全貌（2019 年）

莱芜战役望鲁山战斗遗址（2016 年）

樵岭前村革命烈士纪念碑（2017 年）

李家洞出土文物

樵岭前村齐长城遗址（2018 年）

博山溶洞——灵山金塔

天界秋色（2018 年）

樵鄉宜居

# 目录

# 山水画廊间　红色樵岭前

樵岭前村历史悠久，自然资源、人文资源丰富，以洞取胜，以泉赢人，以山闻名，以城怀古。既有山岭地貌构成的溪、泉、瀑、洞、林、峰等自然景观，又有庙、阁、门、城、碑、馆等历史留存，融自然与人文于一体，被誉为“鲁中山水画廊”。樵岭前村是革命老区，具有光荣的革命历史，是一片红色热土。

国家重点风景名胜区樵岭前村位于山东省中部，隶属于淄博市博山区山头街道。东距博山区政府驻地 7.5 千米，北距淄博市政府驻地张店 45 千米，距山头街道办事处 7 千米。东与白杨河村接壤，南与莱芜青石关、关西坡村毗邻，西与池子村相连，北与乐疃村为邻。地理坐标为北纬 36° 26′15″ ~ 36° 27′ 40″，东经 117° 46′ 30″ ~ 117°49′ 0″。境域面积 9.86 平方千米。2018 年全村 530 户，1560 人。

## 鲁中山水画廊

樵岭前村地势西高东低，南依望鲁山，西有淋漓湖，群山连绵，水源丰富，山清水秀，河道蜿蜒，绿树成荫，风光秀美。境内有 21 个山头逶迤相连，其中海拔 500 米以上有 9 座，最高的是望鲁山，海拔 726.8 米。境内有关西河、王母池河、淋漓河三条主要河流，三河汇入境域村中心主河，河水流向白杨河，注入孝妇河。从山峻岭、飞流叠瀑，赋予了樵岭前村成为风景区基因，素有“天然公园”之称。山、水、林、泉、洞、瀑、气七位一体，被誉为“鲁中山水画廊”。齐长城、博山溶洞、王母池、淋漓湖、天星湖等，构成博山国家重点风景名胜八大景区之一。樵岭前村是国家 AAA 级旅游景区，1985 年山东省政府把樵岭前风景区列为省首批五大风景游览区，2002 年 5 月 17 日被国务院审定为国家级重点风景名胜区。

## 红色革命印记

樵岭前村地处淄博博山、莱芜边界，是一片有着光荣革命传统的土地。1926 年 11 月，在博山报恩寺小学任教师的樵岭前村人刘中和加入了中国共产党，成为博山地区早期的中共党员之一。1937 年抗日战争全面爆发后，该村成为鲁中革命根据地的一部分。1937 年 8—10 月，孙惠忱（孙允德）被博山县队部吸收为民先队员，并加入中国共产党，成为樵岭前村党组织的奠基人。他积极发展党员，成立中共樵岭前村党小组。1940 年 3 月，樵岭前村建立第一个中共党支部，孙兆丰任书记。党组织开展抗日宣传，建立民兵武装，领导和发动全村群众，参加到抗日救国的各项斗争中去。组织樵岭前民众抗敌支前、掩护和转移革命干部、八路军伤病员，并配合中共党组织和地方武装，多次参加粉碎敌伪“扫荡”、奇袭日军设施、拔除敌人碉堡和据点的战斗。孙晓光、孙曙光多次带领民兵，摧毁日军设施，夜袭日伪据点，有力地配合地方武装，打击日伪军。涌现出孙惠忱、彭祖德、刘同吉、孙学孔、孙兆祺、刘同云以及博山二区妇救会会长、抗日女英雄刘云程等抗战英雄，为樵岭前村的革命历史增添了光彩。全村先后有126人参加八路军、解放军和地方武装，有71人加入中国共产党，有43名民兵配合八路军先后参加了吉山战斗、禹王山战斗、解放博山、攻打土门头日伪警察所、神头发电厂、李家窑敌碉堡、西域城日伪军据点、攻打北大顶炮楼、房家庄据点等大小战斗30余次，有20名革命烈士血洒疆场。解放战争时期，樵岭前村积极发展生产，踊跃支援前线，组织车子队、担架队、挑运队达237人次，有143人为支援前线先后参加莱芜、孟良崮、南麻、济南、淮海、渡江、解放上海和解放博山、张店、淄川等大小战役、战斗130多次，参加支前达27次。1949年，鲁中军区在博山县四十亩地召开庆祝表彰大会，樵岭前村被授予“支前模范村”荣誉称号。1988年，建成樵岭前村革命烈士纪念碑，樵岭前村以极其丰富的革命遗址和红色故事，被定为市级红色旅游区。

## 历史文化底蕴

樵岭前村历史悠久，文物古迹众多。1985年，李家洞出土夹砂黑陶罐口沿、夹砂红陶鼎足、鬶足、鸡冠纽鼎足等文物，发现原始动物化石群。所出土文物，经专家考证为大汶口文化、龙山文化时期的遗存，证明距今4000年前，此处就有人类居住。村域内有梯子山齐长城遗址。齐长城修筑于东周时期，主要是防御鲁国与中原各国的入侵。齐长城在博山段有三条线，一条主线、两条复线。樵岭前梯子山齐长城段属于其中一条复线，该线经青石关至梯子山、望鲁山北麓，全线2350米，是齐鲁交界的重要通道和关口。梯子山与望鲁山之间，至2018年仍保存有比较完好的“桥门洞”。

樵岭前村有近500年烧木炭的历史。境内有槲树场面积400多公顷，槲树主要用于放养柞蚕。在明朝年间先民利用槲棒烧木炭。全村先后建成木炭窑30余处。由于管理不善，至20世纪90年代初，大部分已坍塌，只保留部分遗址，现保护比较完好的有三座。樵岭前村烧制木炭无烟、无味、热量大，用途广泛。

樵岭前村李家寨顶遗址，位于博山溶洞山崖顶端。相传为明朝末年大方山起义军领袖李东岱率兵盘据此处所建。寨周长为350米，残墙尚存。村域内还有抗日战争时期日军所修的北大顶炮楼、战略公路遗址。保存完好的古院落2座，分别为刘家大院、孙家大院。其中，刘家大院建于明末清初，具有浓郁的博山地方特色。另外，村内外还分布着王母庙、关帝庙、土地庙、龙王庙、托前坡山神庙、蚕姑庙、仙人庙、仙姑庙等数座古庙。

## 经济社会发展

樵岭前村自然资源丰富，为全村经济发展提供了有利条件。明末清初，村民以种粮、放养柞蚕、烧木炭为主要经济来源。20 世纪 30 年代，蚕茧业生产已初具规模。附近有十几个村生产的蚕茧都销往樵岭前，樵岭前村一时成为博山地区蚕茧加工和销售中心。

樵岭前村西有古木炭窑址，建于明代初期。到清代、民国时期，木炭窑发展到 30 余座，所产木炭广泛用于陶瓷、琉璃、翻砂、油田、民间扮玩、餐饮等，并出口日本等地。

新中国成立后，樵岭前人民生产积极性空前提高。1949 年，全村粮食亩产平均 82 千克，1957 年提高到 258 千克。

改革开放后，樵岭前村认真推行农村生产责任制，极大地调动了广大农民的生产积极性。1985 年粮食亩产达到 500 千克，人均口粮 350 千克，长期困扰村民的温饱问题得到解决。为改变交通闭塞的落后面貌，先后修筑 9 条环山公路，总里程 20 千米，为全村的经济发展创造了有利条件。

村党支部充分发挥自然资源优势，自力更生开发旅游业，先后建起樵岭前溶洞、王母池、淋漓湖、天星湖等景点，开创了全省农民办旅游的先河。到 2018 年，全村开发旅游建设资金累计投入 9000 万元，年实现旅游业收入 300 万元，年平均接待游客 30 余万人次，取得了良好的经济效益和社会效益，成为全国农民办旅游先进典范，旅游业同时带动了第三产业发展。

20 世纪 80 年代，全村办起蛭石保温材料、条编、印刷、客运旅游、机械加工等十几家企业和饮食服务业。1982—2018 年，樵岭前村先后分别被市委、市政府，区委、区政府评为“文明村”“旅游专业村”“印刷专业村”，1992 年被山东省城乡建委评为“明星村”。2018 年，全村有个体业户 42 家，从业人员 700 多人，年营业额 2.3 亿元。

新中国成立后，樵岭前村的社会事业也得到快速发展。自 1982 年起，村两委先后投入 50 余万元建起了育红班、幼儿园、村小学和初中教育教学楼，提高教育教学质量。村小学和初中教育为高一级学校培养大批优秀生源，曾先后获得省、市、区规范化学校称号。历经 70 年的发展，樵岭前村村容村貌得到改善，居住环境越来越优美，人民生活水平逐步提高，在衣食住行等方面都发生日新月异的变化。

忆往昔，峥嵘岁月稠。勤劳、智慧、朴实、勇敢的樵岭前人民创造了辉煌的昨天。进入新时代，樵岭前村人将继续开拓进取，努力把樵岭前村建设成为经济更加繁荣、环境更加优美、生活更加富裕、社会更加安定的幸福家园。

# 基本村情

樵岭前村隶属山东省淄博市博山区山头街道，是博山区近郊的一个文化古村。自然资源丰富，山水秀丽，风光无限。抗日战争和解放战争时期，是革命老区、革命根据地。改革开放后，率先发展旅游业，成为全省农民办旅游的先进典范。

## ◉ 建置沿革

**村名由来** 该村为明代立村。因村东有庙子岭，岭高壁峭，村处岭前，古称“峭岭”；村落民房倚山向阳而建，清康熙年间，村名为“峭岭前”；清道光二十九年（1849）重修王母池庙碑记载“樵岭泉”；后因村民多以打柴为生，改称“樵岭前”。

**历史沿革** 樵岭前村历史悠久，属莱芜县所辖。清雍正十二年（1734），建博山县，樵岭前村由莱芜县划归博山县，隶属博山县西北路。清宣统三年（1911），属博山县第二区赞化乡。1935 年，樵岭前村隶属博山县原山区乐疃乡。新中国成立后，樵岭前村隶属淄博市第二区（原山）樵岭前乡。1945 年，莱芜（北）、莱东、新甫县合并，恢复莱芜县原行政区区域建制。1955 年 3 月，樵岭前划归莱芜县十六区，同年 12 月划回博山区。1956 年 6 月，划归淄川县，同年 10 月建立樵岭前乡，12 月改为乐疃乡。1958 年 3 月，划归博山区乐疃乡。1958 年 10 月，由乐疃乡改为乐疃人民公社。1984 年 5 月，改为乐疃乡，1985 年 10 月，改为乐疃镇，樵岭前村属之。1995 年 11 月，乐疃镇与山头镇合并，隶属山头镇所辖。2010 年 8 月，山头镇改为山头街道办事处，樵岭前隶属博山区山头街道办事处。

## ◉ 区位　交通

**区位** 樵岭前村位于山东省中部，隶属淄博市博山区山头街道。地理坐标为北纬 36° 26′15″ ~ 36° 27′ 40″，东经 117° 46′ 30″ ~ 117° 49′ 0″。海拔 308 米。境域南北最大纵距 2680 米，东西最大横距 3730 米，总面积 986 公顷。其中，耕地 58.6 公顷，林地、草地 817 公顷，村庄、道路占地 45.9 公顷，水域及水利设施占地 23.6 公顷，其他土地 40.9 公顷。距省政府驻地济南 120 千米，距淄博市政府驻地张店 45 千米，距博山区政府驻地 7.5 千米，距山头街道办事处 7 千米。

**交通** 樵岭前村位于 205 国道西 2 千米处，滨莱高速从村东穿过，距博山中心路西高速路口 7.5 千米。距博山区政府驻地 7.5 千米。南距济南市莱芜区 39 千米、泰安 90 千米。西距山东省政府驻地济南 120 千米。北距淄博市政府驻地张店 45 千米。

滨莱高速樵岭前大桥（2019年）

## ◉ 自然地理

**地质地貌** 地质。樵岭前村境域处在望鲁山山脚下。村中西、南部出露地层为太古界前霞旦系花岗片麻岩岩层，村东、北部为下古生界寒武、奥陶系岩层。由于地壳的剧烈运动，数次向上升起和下降，因而出现褶皱与断层。

境域内花岗片麻岩表露面积0.2平方千米，占境域面积84.5%；寒武系地层表露面积0.86平方千米，占境域面积9.3%；奥陶系地层表露面积0.58平方千米，占境域面积6.2%。

花岗片麻岩主要为颗粒状砂岩、石英砂岩，并含有长石、正长石、斜长石、黑云母岗山石，并穿插有石英、伟晶花岗岩脉。受禹王山断层带影响，岩层厚度缺失较多，境域内约150～350

汾洞（1985年）

李家洞（2019 年）

米。主要有杂色岩石、泥灰岩互层、结晶灰岩、鲜红色泥质页岩、黄绿色夹薄层、中原层鳞状灰岩、灰岩透镜体、大竹叶状灰岩及薄板状分层灰岩。

奥陶系，分中、下奥陶。中奥陶主要为泥灰层、白云质灰层、豹皮结晶灰层、青灰色厚层灰岩，以泥灰岩、厚层青灰岩交替出现；下奥陶为厚层白云质灰岩，夹燧石层及燧核灰层。由于受禹王山断裂带（南北走向）和神头西河断裂带（东西走向）影响，岩层厚度缺失，境域内厚度 300 ～ 500 米。

境域内的山间谷地分布着第四系地层，为松散的坡积、洪积物，一般厚度 0.5 ～ 20 米。坡积沉积物的颗粒从下往上逐渐变细，底层为砂卵石或沙砾石层，表层为黄、红、黑褐色黏质砂土层。

境域内主要有两条断层：一条为禹王山断层带，位置在前震旦系古质地层花岗岩片麻岩与下古生界寒武系、奥陶系接触带。据调查该断层北起章丘境内南至莱芜，走向近乎南北向，断层倾角 30° ～ 85° ，有的近乎直立。断层性质属张性，断裂带宽度 300 米，影响宽度 800 米，拖拉现象严重，导致部分岩层变薄或缺失。由于该断层为张性断裂，而且多次断裂，断裂带较破碎，又因受前震旦系花岗岩片麻岩区域潜水补给，在该断层区域打井取水比较可观；另一条为神头－西河断裂带。该断层呈东西走向，由神头泉群经乐疃村、庙子岭至西宽峪，与禹王山断裂带斜交终止。该断裂带在宽峪口与孝妇河的白杨河支流穿过，因断裂带岩层比较破碎，灰岩易水溶蚀，极易形成溶洞或地下暗河通道，该河道明水或潜水沿断裂带流入神头泉群。

地貌。境内地貌由花岗片麻岩区（俗称砂石山区）和石灰岩区（俗称青石山区）两个类型组成。

砂石山区，海拔高度在 320 ~ 730 米。望鲁山坡降为 14.26%。境内高度 600 米以上山头有望鲁山、黑山、托山顶、大峪顶、掏扒峪顶；高度 500 ~ 600 米的山头有梯子山、老猫头、窑峪顶等。该区内有 3 条主河流：淋漓河、王母池河、关西河。淋漓河，发源于禹王山南麓禹王山泉，由中房峪、房峪、大淋漓沟、大王张峪、小王张峪、小淋漓沟、底眼沟、香炉石峪、凤北峪、西水峪等大小十几条支流汇合。总长达 10 千米，流域面积 7.5 平方千米。王母池河，发源于禹王山断裂带东南、望鲁山北麓望山泉，由池子南峪、池子北峪、石头峪、西大峪等 6 条支流汇合，总长 8 千米，流域面积 5 平方千米，流经村中与淋漓河汇合于孝妇河上游。关西河，发源于望鲁山东南麓望山泉，由桃花峪、南大峪、银锭沟等 6 条支流汇合，汇于王母池河，总长 5 千米，流域面积 3000 平方米。

青石山区，海拔高度 285 米（寨峪口河底）至 510 米（窑峪顶），坡降为 11.25%。境内主要山头有窑峪顶、大寨顶、北大顶、寨峪顶、汾洞顶等。主要沟壑有 6 条：北峪、

三叶虫化石（1986 年）

宽峪顶地貌（1995 年）

李家北峪、南峪、小南峪、宽峪、寨峪等。境域内土质为褐土、淋溶褐土、林地褐土。林地褐土主要分布在山坡脚及山坡上，沟谷中土层相对较厚。

境域地势南高北低、西高东低，呈簸箕状。山坡上覆盖着 0.01 ~ 0.5 米的风化土层，俗称岭砂石、马牙砂。剖面发育不完全，表土以下为母岩的风化物，通体无石灰反应，呈微酸性。土层浅薄，含有大量的粗砂，水土流失严重。

境域内山林覆盖率在 95% 以上。生长树木有松树、刺槐、柞树、板栗、毛白杨、杨树等。

境域内耕地面积 0.03 平方千米，主要在山坡脚处及沟谷下部。主要土质为棕壤性土，占全村耕地面积的 65%。

山川。境内山岭起伏，层峦叠嶂。海拔 600 米以上的山峰有 4 座：望鲁山、托山顶、黑山顶、凤北峪顶；500 ~ 600 米以上的山峰有 9 座：梯子山、老猫头、窑峪顶、大寨顶、小寨顶、黄鹏顶、南寨门顶、小淋漓沟顶、大淋漓沟顶。山脉属鲁中山系，群山攒簇，逶迤相接。望鲁山，主峰位于樵岭前村西南 3000 米，是境内海拔最高山峰，沿山脊向西至池子村西杏树峪大顶，为淄博市与莱芜市的界山。古时人们站在这段齐长城上，远望鲁国风烟，故称望鲁山。山阳坡之溪流经莱芜和庄注入淄河，山阴坡之水经樵

梯子山（2016年）

老猫头（2015 年）

岭前村流入孝妇河。著名的莱芜战役望鲁山战斗即发生在此银锭沟山沟谷中。托山顶，位于村西南 1500 米，因其山顶平坦，远看似堆起来的土石山，故名托山顶。山前坡降水流入王母池河，山后坡降水流入西河，与村中汇集注入孝妇河。黑山顶，位于村西南 1880 米，该山岩性为蛇纹岩，属元古代桃科期岩浆岩侵入岩体。岩体呈小岩株，平面椭圆，长轴方向北西，与地层的片理方向一致，变质程度较深，在岩体与混合岩的接触带上形成了小型蛭石矿。因岩矿石颜色呈灰绿色，俗称黑山。老猫头，位于村西南 800 米，山顶有一巨石，形似猫脸状，取名曰“老猫头”，此山头距村较近，名气较大。凤北峪顶，位于村西北 2000 米，此山脊是樵岭前村与马公祠村交界山，阴坡属马公祠村辖，山势陡峭，主生长槲树、槲菠萝，为主要柞蚕场区。黄鹏顶，位于村西北 1300 米。小淋漓沟顶、大淋漓沟顶，分别位于村西 3000 米和 3400 米，两山山脊为池子村、岭西村界山，为樵岭前村最西端。沟深且长，山上植被茂密，主生长白草、黄草等野生杂草，林木植被以槲菠萝、板栗为主及部分野生枫杨、漆树、柘树等。梯子山，位于村南 750 米，山体岩性基部为花山片麻岩，中上部为寒武系海相沉积岩，山峰陡峭，峰下群山头似台阶式一个比一个低矮，远眺像爬梯式，故名梯子山。此山以西为太古界前震旦系古老的花岗片麻岩地层（俗称砂石山），以东为海相碳酸盐岩生成的寒武系灰岩地带（俗称青石山）。窑峪顶距村北700米。大寨顶、小寨顶，分别位于村北600米、500米。南寨门顶，位于村东南1600米，沿山脊与莱芜分界。

香炉石　　刘新喜　摄

河流。村境内有淋漓河、王母池河、关西河三条干流。淋漓河，发源于禹王山南麓禹王山泉，由中房峪、房峪、大淋漓沟、大王张峪、小王张峪、小淋漓沟、底眼沟、香炉石峪、凤北峪、西水峪等大小十几条支流汇合。总长10千米，流域面积7.5平方千米。王母池河，发源于禹王山断裂带东南、望鲁山北麓望山泉，由池子南峪、池子北峪、石头峪、西大峪、大小6条支流汇合。总长8千米，流域面积5平方千米，流经村中与淋漓河汇合于孝妇河上游。关西河，发源于望鲁山东南麓望山泉，由桃花峪、南大峪、银锭沟等6条支流汇于王母池河。总长5千米，流域面积3平方千米。

**气候物候**　气候。樵岭前村处鲁中地区，属暖温带大陆性季风气候，春季气候干旱，多风少雨；夏季高温多雨，气候潮湿；秋季天高气爽，昼夜温差较大；冬季干冷少雪，低温时间较长。村域年平均气温12.1℃，极端最高气温39.5℃，极端最低温度−23.5℃。年平均降水量747毫米，年平均日照数2363小时，全年主导风向为西南风。初霜最早出现在10月20日，终霜最晚出现在4月25日。初雪时间最早出现在11月上旬，最晚出现在下年3月上旬，有“大雪不封地，不过三二日”“清明断雪，古雨断霜”的谚语，历年平均相对湿度70%。年平均风速22米/秒，8级以上大风平均每年出现5天。

1965—2018 年樵岭前村各月平均气温、极端气温统计表

表 1　　　　单位：℃

| 项目 | 1月 | 2月 | 3月 | 4月 | 5月 | 6月 | 7月 | 8月 | 9月 | 10月 | 11月 | 12月 | 年 |
|---|---|---|---|---|---|---|---|---|---|---|---|---|---|
| 平均气温 | −2.6 | −0.4 | 6.3 | 13.8 | 20.3 | 24.7 | 26.1 | 24.9 | 19.9 | 14.4 | 6.5 | −0.4 | 12.8 |
| 极端最高 | 14.4 | 21.6 | 25.2 | 31.6 | 37.4 | 38.5 | 37.5 | 36.6 | 33.5 | 29.9 | 24.5 | 16.8 | 38.5 |
| 极端最低 | −18.7 | −16.5 | −12.1 | −3.4 | 2.6 | 10.5 | 11.6 | 11.7 | 4.1 | −3.8 | −10.5 | −17.5 | −22.0 |

1965—2018 年樵岭前村年降水量统计表

表 2　　　　单位：毫米

| 年份 | 降水量 | 年份 | 降水量 | 年份 | 降水量 | 年份 | 降水量 | 年份 | 降水量 |
|---|---|---|---|---|---|---|---|---|---|
| 1965 | 560.9 | 1976 | 682 | 1987 | 788 | 1998 | 695 | 2009 | 673 |
| 1966 | 727 | 1977 | 705 | 1988 | 394 | 1999 | 757 | 2010 | 768 |
| 1967 | 802 | 1978 | 972 | 1989 | 352 | 2000 | 741 | 2011 | 743 |
| 1968 | 611 | 1979 | 753 | 1990 | 983 | 2001 | 812 | 2012 | 723 |
| 1969 | 836 | 1980 | 801 | 1991 | 685 | 2002 | 785 | 2013 | 784.6 |
| 1970 | 701 | 1981 | 873 | 1992 | 497 | 2003 | 911 | 2014 | 436.4 |
| 1971 | 815 | 1982 | 841 | 1993 | 804 | 2004 | 879 | 2015 | 653.4 |
| 1972 | 678 | 1983 | 763 | 1994 | 944 | 2005 | 736 | 2016 | 969 |
| 1973 | 872 | 1984 | 717 | 1995 | 931 | 2006 | 814 | 2017 | 696.8 |
| 1974 | 802 | 1985 | 750 | 1996 | 789 | 2007 | 726 | 2018 | 892 |
| 1975 | 746 | 1986 | 565 | 1997 | 796 | 2008 | 598 | — | — |

物候。植物候：村域内劳动人民掌握季节天气变化规律，从事各种生产活动，平日观察研究四季更迭过程中的各种自然现象与动植物生长发育特征之间的关系，并参照一些物候谚语，指导生活和生产。2 月下旬柳树发芽，象征着春天到来。杏树春分开花，芒种果实成熟，寒露落叶。桃树清明开花，芒种至处暑果实成熟，寒露落叶。枣树立夏发芽，芒种开花，秋分果实成熟，寒露落叶。山楂清明萌芽，立夏开花，秋分果实成熟，寒露落叶。板栗清明发芽，芒种开花，秋分果实成熟，寒露落叶。苹果树春发萌芽，谷雨开花，霜降果实成熟，寒露落叶。刺槐四月下旬展叶开花，寒露落叶。9 月初，白露后陆续播种小麦。有“白露早，寒露迟，秋分种麦正适宜”“八月半（农历）种早蒜”的谚语。夏玉米小满套种或芒种直播，白露成熟收获。谷子谷雨播种，白露成熟。地瓜 4 月下旬插秧，10 月下旬收获。村域内林木覆盖率 95% 以上，多为槲树、刺槐、松树、榆树、毛白杨等树木，灌木丛和草本植物群落。

动物候：燕子来“一百五”（冬至后 105 天，即清明前一天）。布谷鸟于谷雨前来，

樵岭前村植被（2015 年）

白露后南去。大雁清明后过境内飞回北方，霜降前后过境南去。蝉于夏至始鸣，立秋后陆续死亡。蜜蜂清明后出巢，深秋后入眠。蛇于春分前后出洞，霜降后蛰伏。壁虎惊蛰后出穴，寒露后冬眠。

**土壤** 樵岭前境域内土壤质地主要有两大类，一类是前震旦系太古界太山群花岗片麻岩区域，俗称“砂石山”，土壤类型为棕壤性土、淋溶棕壤土。棕壤性土分布在沟谷中、下部、土壤质地适中，多为黄土、沙砾土洪积、冲积淤积物，适宜粮农作物种植。淋溶棕壤土分布在沟谷中上部及两侧坡脊，土壤质地松散，遇雨水易受冲刷流动，适宜生长杂草及林木。棕壤性土、淋溶棕壤土透水性强，保肥能力差，土壤肥力水平低，水土流失严重，适种地瓜、花生，更宜发展林果业。另一类是古生界寒武系、奥陶系石灰岩地层区域，俗称“青石山”，土壤类型为褐土、淋溶褐土，俗称红土、黄土。褐土主要分布在村周围地带及沟谷中，土层相对较厚、熟化程度高、土壤肥沃、无侵蚀现象。表土质地为中壤，耕性良好、保肥保水，宜种植粮食作物。淋溶褐土分布在沟谷中上部及两侧岭坡，土层薄、结构差、土壤肥力水平低、水土流失严重，宜发展林、灌、草植被。山坡上土层较薄，一般在 0.01 ～ 0.2 米，主要生长林木为侧柏、刺槐、枣树、柿子树、酸枣树、荆树、黄芦、山榆等，生长野草为黄草、白草、翻白草、鬼针草、狗皮草等。

**水文** 樵岭前村境域内水资源丰富。主要来源于两条途径：一是大气降水，二是外来客水。境域内接受大气降水按每年平均降雨量 700 毫米计算，产生水量 650 万立方米，

童趣

该水量大部分渗入土层，另一部分形成地表径流沿沟谷河床汇入孝妇河。外来客水一是指由王母池河上游池子村片，淋漓河上游（淋漓湖上游）岭西片，两片区域产生的地表径流，在村内汇集流入孝妇河。地表水径流量按《博山区农业区划报告》中的地表水径流模数多年平均量 22.32 万立方米 / 平方千米计算，地表水径流量为 208 万立方米 / 年，加上外来客水径流量 230 万立方米 / 年，即 438 万立方米 / 年。外来客水二是指村东部寒武系、奥陶系区域地下水，由于受禹王山断裂带影响，地下水由南（苗山、和庄一带）向北沿断层带流经，穿过村东部，在此断裂带区域打深井，出水量可在 20 ~ 40 立方米 / 小时。

境域内现有拦蓄工程 3 处：淋漓湖水库容水 143 万立方米，天星湖水库容水 27 万立方米，王母池水库容水 8 万立方米。共蓄水 178 万立方米。

**自然资源** 土地资源。截至 2018 年，全村土地利用状况：耕地 0.55 平方千米，园地 0.04 平方千米，林地 7.8 平方千米，草地 0.36 平方千米，城镇村及工矿用地 0.34 平方千米，农村道路 0.12 平方千米，水域及水利设施用地 0.24 平方千米，其他土地 0.41 平方千米，合计 9.86 平方千米。

矿产资源。据调查，樵岭前村境域内矿产资源主要有石灰石、铁矿石、重晶石、蛭石、长石、花岗岩等。石灰石主要分布在境域内东部区域，属海相碳酸盐岩沉积的中奥陶流灰岩，层位较稳定，由厚层纯石灰岩、落层泥白灰岩、豹皮状灰岩组成。铁矿石主要分布在村中寒武系岩层与花岗片麻岩接触带，属雨生矿床，地表出露面积不大且品位

蛭石产品（1982 年）

不高，不适宜大型矿产开采。重晶石主要分布在村东中奥陶系地层中，矿储量不大，在二十世纪六七十年代开采过。长石主要分布在境内花岗片麻岩区，呈岩脉、岩株状出现，在二十世纪五六十年代少量开采过，主要销往博山、淄川陶瓷行业作陶瓷原料。蛭石主要分布在村西南黑山顶一带，蛭石是一种保温材料的原料，俗称“保温土”。樵岭前村办企业蛭石厂建于 1978 年，年生产加工能力 9 万立方米，创产值 120 万元。花岗岩主要出露在大峪顶、北涝沟、托前坡、小淋漓沟一带，矿藏量 200 万立方米，该岩石主要含石英、长石、正长石、云母等成分，质地坚硬。

动植物资源。樵岭前村境域属中低山区，动植物资源十分丰富。动物资源畜禽类：猪、黄牛、青山羊、绵羊、改良羊，德国长毛兔、安哥拉兔、杂交兔。家禽类：草鸡、柴鸡、花鸡、杂交鸡、鸭、鹅等。水生动物：虾、中华绒螯蟹、草鱼、鲤鱼、斗翅、噘嘴鲢、泥鳅、锥子鱼等。两栖类：大蟾蜍（蛤蟆）、青蛙、中国林蛙。爬行类：壁虎、红点锦蛇、小游蛇（长虫）。鸟类：斑鸠、猫头鹰、啄木鸟、家燕、山燕、百灵、画眉、麻雀（家雀）、喜鹊、灰喜鹊、黄鹂、乌鸦（老鸹）、布谷鸟、四声杜鹃。哺乳动物：草兔、狐狸、野狸、獾、黄鼠狼（黄鼬）、松鼠、果子狸（上鼠）、刺猬等。

植物资源。樵岭前村植物资源丰富，主要树种有侧柏、刺槐、槲树、槲椁萝、油松、赤松、马尾松、黑松、雪松、毛白杨等 20 多种。森林面积 9.3 平方千米。其中，松树林 1 平方千米，侧柏林 1.33 平方千米，刺槐林 2 平方千米，槲树、槲椁萝 2.3 平方千米，其他树种 2.37 平方千米。森林覆盖率达 95% 以上。

樵岭前村境域内主要有自然植被、耕作植被、观赏植被。自然植被：境域内自然植被主要分布在山岭、沟坡、河旁、地堰边、路旁、悬崖边。多为次生草木植物群落和落叶乔木、灌木丛。主要有黄白草、白草、狗皮草、鬼针草、白蒿、黄蒿、艾蒿、爆竹草、山菊花、桔梗、葎草（拉拉秧）、狗尾草等耐旱杂草和蒺藜、酸枣、柘树、野葡萄、臭椿、黄楝树、黄栌、荆树、山榆等落叶乔灌木。沟坡、河旁主要有羊胡子草、茅草、节骨草、三棱草、曲曲芽、蒲公英（婆婆丁）、野蒜（择蒜）、地环子、野毛豆、扫帚菜、芙子苗、灰菜、苍子、薄荷、蓬马尾、马齿苋、麦蒿、荠菜、生地、苋菜、苦菜、茜草、苜蓿、车前草（车辙）、猪耳草、地丁、马宽铃、牵牛花、柴胡、金针（黄花菜）、山葫芦、益母草、麦冬、半夏等温带杂草。林木植被：人工栽植有侧柏、刺槐、槲树、槲柠萝、油松、赤松、毛白杨、枫杨、青杨、杜仲等乔木和紫穗槐、白蜡条、火炬树等灌木。人工栽植的果树有苹果树、桃树、梨树、枣树、杏树、柿子树、软枣树、石榴树、山楂树、糖梨树、板栗树、花椒树、樱桃树、核桃树等。河岸、路旁、村庄等种旱柳、垂柳、国槐、梧桐、泡桐、银杏等。观赏植被：主要栽植香椿树、柿子树、石榴树、枣树、樱桃树、冬青、银杏、垂柳、塔松、雪松、杉树、木瓜、冬枣等。耕作植

槐花盛开（2018 年）

被：耕作农田作物种植小麦、玉米、大豆、小豆、地瓜、谷子、高粱、花生等。蔬菜类有白菜、芸豆、豆角、黄瓜、西红柿、芹菜、香菜、菠菜、白萝卜、红萝卜、土豆、韭菜、菜花、甘蓝、莴苣、茄子、苦瓜、苤蓝、辣椒、菜椒、生姜、圆葱、大葱、大蒜、苔菜、芋头等。

## ◉ 人口　姓氏

2018 年，樵岭前村有 530 户，其中汉族 529 户、满族 1 户，1560 人。全村共有 46 个姓氏，其中原住民有 7 个姓氏，分别是孙、刘、李、赵、王、彭、岳。孙姓占总人口 33%，刘姓占 32%，李姓占 11%，赵姓占 5%，王姓占 1%，彭姓占 1%，岳姓占 0.3%。其他 39 个姓氏或是婚嫁或其他原因迁来，占总人口的 16.7%。

《博山地名志》记载：“据《王氏族谱》载，始祖北直隶真定府冀州枣强县王家洼人也。明洪武三年奉旨给银碗，迁居山东济南府泰安州莱芜县东北乡四十五里南苗山庄，后迁居樵岭前村。距今六百余年。”刘氏一世祖刘宝从河北枣强迁往博山大街，十五世祖刘柞盛在明末清初由博山迁居樵岭前村。孙姓始祖是明末清初从博山大庄迁居乐疃村后又迁来樵岭前。李姓是由博山李家窑村迁来，赵姓从博山赵庄村迁来。

**人口**　1948 年 3 月村庄解放后，人口逐年上升，1949 年全村有 172 户、732 人，其中男性 369 人，女性 363 人。1955 年全村有 198 户、868 人，其中男性 432 人，女性 436 人。

随着国民经济的不断发展，村民的生活、医疗卫生条件逐步改善，人口增加。1959—1961 年，全村人口连续 3 年负增长。改革开放后，随着经济的发展和生活水平的提高，人口数量增长。2018 年年底，全村 530 户、1560 人，其中男性 783 人，女性 777 人。人口自然增长率保持在 7‰以下。人口学历构成：大专以上 142 人，高中、中专 267 人，初中 411 人，小学 672 人，学龄前儿童 68 人。

**姓氏**　迁徙到樵岭前村安家立户的各个姓氏族系，王氏始祖早于各姓族系。后有刘氏、李氏、孙氏、赵氏、彭氏、岳氏相继来此安家立户。王、刘、李、孙、赵、彭、岳 7 个宗族姓氏，多由山西洪洞县、河北枣强县迁徙莱芜、淄川、颜神各地，后又移居樵岭前村。其他姓氏多由婚嫁或其他原因迁入。

王氏始祖，原籍北直隶真定府冀州枣强县王家洼。明洪武三年（1370），奉旨给银碗迁居山东济南府泰安州莱芜县东北乡 22 千米南苗山庄安家立户。明嘉靖年间，九世祖从南苗山迁至樵岭前村安家立户，至 2018 年传至二十四世孙。

刘氏始祖刘宝至六世文肃在原籍冀州枣强或其他地方居住。明洪武四年，七世祖刘珇从冀州枣强县迁徙青州府益都县颜神镇大街安家立户。明万历年间，十五世祖刘作盛从颜神镇大街迁至樵岭前村安家。至 2018 年传至二十九世孙。

李氏，明万历年间，十二世祖李新全由颜神镇李家窑村迁至樵岭前村安家落户，至 2018 年传至二十五世孙。

孙氏，明洪武四年，由冀州枣强县迁徙青州府益都县临邑西南隅大庄村，后又迁到乐疃村。清康熙年间，十四世祖孙氏由乐疃村迁至樵岭前村安家立户，至 2018 年传至二十四世孙。

赵氏，清康熙年间，十五世祖赵习从赵庄村迁至樵岭前村安家立户，至 2018 年传至二十四世孙。

彭氏，清光绪年间，彭祖德的祖父从博山县随母亲改嫁至樵岭前村，至 2018 年已传至第六代。

岳氏，清光绪年间，岳观章的父亲岳氏从博山县至樵岭前村给孙家干长工，而后落户至 2018 年传至第五代。

2018 年，樵岭前村共 530 户，有 22 户姓。各姓氏按户数多少，依次排序为：孙 211 户，刘 194 户，李 59 户，赵 27 户，王 11 户，彭 7 户，郭 4 户，于 2 户，范 2 户，岳 1 户，宋 1 户，周 1 户，韩 1 户，马 1 户，张 1 户，亓 1 户，左 1 户，崔 1 户，杨 1 户，鲁 1 户，黄 1 户，闫 1 户。

2018 年，全村 530 户，1560 人，共有 46 个姓。20 人以上的有 7 个姓氏：孙姓 513 人，刘姓 463 人，李姓 169 人，王姓 76 人，赵姓 73 人，栾姓 45 人，杨姓 23 人，彭姓 22 人，张姓 21 人。共 1405 人，占总人口数的 90%。

## ◉ 发展概况

**政治建设** 中共党组织。樵岭前是革命老区、是著名的鲁中革命根据地，具有光荣的革命传统。1926 年 10 月，中共山东区执委会派王元昌（王炽文），蒋西鲁（蒋正论）到博山开展建党工作，发展当时任博山报恩寺小学校长的刘中和（樵岭前村人）为中国共产党党员，刘中和成为博山县早期的中共党员之一。1937 年 10 月，孙惠忱在博山炉

博山县抗日民主政府旧址

神庙小学教学时，由博山县第七区区长孙伏武介绍发展为中共党员。1938 年 1 月，孙惠忱回村发展孙兆丰、刘同俊为中共党员。他们成为樵岭前村第一批党员。1938 年 3 月，樵岭前村成立党小组，由孙惠忱、孙兆丰、刘同俊三人组成，孙兆丰任组长。党小组建立后积极宣传抗日，秘密开展革命活动。樵岭前村随之成为博山县委的秘密指挥中心。1939 年，为培养抗日骨干，中共博山县委在李家镇举办抗日积极分子训练班，樵岭前村共有 7 名青年参加培训，其中有 6 名青年加入中国共产党，成为抗日骨干。1940 年 3 月，经上级党组织批准，建立首届中共樵岭前村党支部，孙兆丰任书记，隶属博山县二区分区委。1940 年 4 月，因工作需要，孙兆丰调离樵岭前村，由孙启俊接任党支部书记。1940 年 9 月，孙启俊调离，由彭祖年接任党支部书记。1941 年冬，中共樵岭前村支部委员会再次建立，彭祖年任支部书记，孙兆恺任组织委员，刘持金任宣传委员。1941 年 10 月，刘持金被捕，党支部遭破坏。1942 年 10 月，在上级党组织的帮助下，重建支部，孙兆鸿任支部书记。1942 年 12 月，中共博山工委书记李东鲁同中共淄川县新二区区委书纪陈波萍，区委委员孙曙光到樵岭前村，与中共党员孙兆鸿、孙学孔等人秘密联系，研究恢复党组织活动，建立党支部，孙学孔任支部书记。1937—1945 年抗日战争时期，发展党员 24 名。

1946—1949 年解放战争时期，发展党员 44 名。樵岭前村党支部在中共博山县委二区委的领导下，贯彻“一切为了胜利，一切为了战争”的方针，带领人民群众积极发展

刘同吉（二排右一）与战友合影

生产，踊跃支援前线，先后把126名优秀儿女送往前线支援解放战争，同时，组织群众组成车子队、担架队、挑运队等，先后有237人次紧随解放大军，完成支前任务。

新中国成立后，党员队伍不断发展壮大。至2004年，党员发展到91名，建立樵岭前村党总支。党总支发挥战斗堡垒作用，广大党员在各项建设中发挥先锋模范作用，坚持改革开放，努力发展经济，利用当地自然资源优势开发旅游，走农民办旅游之路，搞好新农村建设，使农民不断走向富裕，全村跨入了全省小康村行列。

至2018年年底，党总支下设支部2个，党小组10个，共有党员105名。

新中国成立前樵岭前村加入中国共产党人员一览表

表3

| 姓名 | 入党时间 | 姓名 | 入党时间 | 姓名 | 入党时间 |
|---|---|---|---|---|---|
| 刘中和 | 1926.11 | 刘持瑞 | 1940.3 | 刘玉春（女） | 1945 |
| 孙允德 | 1937.10 | 刘同传 | 1940.3 | 孙启秀 | 1945 |
| 孙兆丰 | 1938.1 | 孙兆兰 | 1940.3 | 孙兆忱 | 1945 |
| 刘同俊 | 1938.12 | 刘持正 | 1940.3 | 孙桂英（女） | 1946.12 |
| 刘同商 | 1939.12 | 孙启朋 | 1940.3 | 孙启福 | 1946.12 |
| 孙学孔 | 1939.12 | 孙允成 | 1940.3 | 刘同孝 | 1946.12 |
| 刘升学 | 1939.12 | 刘云盛（女） | 1940.3 | 孙秀兰（女） | 1946.12 |
| 焦其顺 | 1939.12 | 伊会文 | 1940.3 | 范春爱（女） | 1947.12 |
| 孙兆鸿 | 1939.12 | 刘持寅 | 1949.9 | 范慎英（女） | 1947.12 |
| 刘同吉 | 1939.12 | 彭祖阴 | 1940.3 | 李同富 | 1947.12 |

续表 3

| 姓名 | 入党时间 | 姓名 | 入党时间 | 姓名 | 入党时间 |
|---|---|---|---|---|---|
| 彭祖年 | 1939.12 | 刘同乾 | 1940.3 | 孙兆佑 | 1947.12 |
| 刘持金 | 1939.12 | 孙即信 | 1941.12 | 刘云升 | 1947.12 |
| 孙启俊 | 1939.12 | 孙启林 | 1941.12 | 孙兆福 | 1947.12 |
| 孙曙光 | 1939.12 | 刘同蕙（女） | 1941.12 | 孙兆魁 | 1947.12 |
| 刘同伦 | 1939.12 | 王玉芳（女） | 1941.12 | 孙即志 | 1947.12 |
| 孙即瑞 | 1940.3 | 王福生（女） | 1941.12 | 刘玉桂（女） | 1947.12 |
| 刘升珍 | 1940.3 | 刘云芳（女） | 1941.12 | 刘升万 | 1949.9 |
| 刘升炳 | 1940.3 | 郇新美（女） | 1941.12 | 王太志 | 1949.9 |
| 孙晓光 | 1940.3 | 郭文彩（女） | 1941.12 | 孙启恒 | 1949.9 |
| 孙兆祺 | 1940.3 | 赵登桂（女） | 1941.12 | 孙兆峰 | 1949.9 |
| 孙兆悦 | 1940.3 | 孙启炳 | 1941.12 | 刘升科 | 1949.9 |
| 孙兆恺 | 1940.3 | 孙即俊 | 1941.12 | — | — |
| 孙即显 | 1940.3 | 刘持玉 | 1944 | — | — |

农救会。1945 年 8 月，樵岭前村成立村农救会，由孙学孔任会长，孙兆悦任副会长，会员有李昌庆、孙即俊、刘升珍、彭祖年、孙兆福等。农救会积极发动群众发展生产，支援前线，开展拥军优属等工作。

青救会（共青团）。1942 年 7 月 1 日，村党支部派孙学孔、孙兆庚、刘桂英（女）三人到博山县二区西流泉村开会，会议主要是纪念党的生日，并部署成立青救会工作。会后，樵岭前村成立由刘同惠、刘同恒、刘同悦、孙兆庚等组成的青救会，刘同惠任会长。青救会组织青年积极参加抗日活动，不久因形势恶化，青救会停止活动。1944 年 7 月 1 日，在二区青救会长栾尚才（池子村人）指导下，孙兆魁又发展会员重新成立村青救会，由孙兆魁任会长。抗战胜利后，青救会改称青年自卫团。1949 年，成立新民主主义青年团。1957 年，新民主主义青年团改名为共产主义青年团。1967 年，村共青团组织活动停止。1972 年，通过整团建团，村共青团组织恢复。

儿童团（少先队）。1943 年 3 月，樵岭前村抗日根据地建立儿童团，参加儿童团 20 多人，刘同忠任儿童团长，孙学易、李同福任副团长。分为两个小组，两名副团长各带一个小组活动。主要配合党团组织、村政权积极开展对敌斗争，组织全村儿童站岗放哨，盘查行人、防奸防特、传递情报、利用文艺等形式宣传党的抗日救国思想。1943 年春，全村参加儿童团活动达 50 多人。解放战争时期，儿童团组织围绕土地改革运动、参军支前、慰问烈军属等开展活动。1948 年博山全境解放，儿童团组织消失。1953—

天星湖春色

1954 年，称中国少年先锋队。“文化大革命”期间称红小兵。中共十一届三中全会以后，恢复中国少先队名称，并先后开展“学雷锋树新风”“创造红花集体”“争当红花少年”“五讲四美三热爱”“战士在我心中”“我为中队添光彩”“四有小金星”等活动。村学校少先队曾先后被评为博山区“学雷锋树新风”先进集体和乐疃镇“四有小金星”先进单位。20 世纪 80 年代，开展向英雄赖宁学习的活动。20 世纪 90 年代，组织少年儿童参加各种夏令营、参观爱国主义教育基地等。

妇救会。1939 年 11 月，博山县妇女抗日救国联合会（简称妇救会）成立。1940 年 5 月，中共博山县二区妇救会长刘云程（樵岭前村人）回村动员刘云盛组织成立村妇救会，在此情况下，刘云盛组织刘云芳、赵登桂、李玉美、刘玉春、郭文彩等 20 多名妇女学文化，并帮助八路军做衣、做饭、做鞋、放哨，掩护八路军和地方干部等。妇救会成立不久，就做军鞋 60 多双，还筹备部分钱支援前线。1941 年后，因抗战形势恶化，村党支部遭破坏，妇救会工作受到极大影响。1942 年 10 月，村党支部重建后，妇救会也恢复活动。由于妇女工作开展得好，全村妇女为抗战做出了积极贡献，并有刘云程等 10 多名青年妇女先后参军参政，投入到抗战行列，有 11 名妇女加入中国共产党。

妇代（委）会。樵岭前村于 1956 年成立妇代会。中共十一届三中全会后，樵岭前村妇女发扬自尊、自强、自信、自立的精神，广开致富门路，参与各种经营。村内 10%的户被上级妇联组织评为“五好家庭”，多人被评为“三八红旗手”。樵岭前村印刷业居多，企业中有大部分职工都是妇女，许多人都是行业中的技术能手。

村政委员会。1938 年春，樵岭前村党小组成立后积极进行抗日宣传，秘密开展革命活动。为保家自卫，刘中和倡导成立了村政委员会，并组织自卫团，以公开身份决策村里重大问题。村政委员会由刘中和、刘绪祥、刘同俊等 5 人组成。村政委员会常在刘中和家开会研究工作。除动员群众把长枪土炮集中起来使用外，还从博山城和国家庄请来铁匠制造一批龟头刀、土枪装备自卫团。村政委员会还以自卫团为阵地，对青壮年进行爱国主义教育，坚定抗日救国的信心，动员青壮年参加八路军。1938 年下半年，中共博山县委（对外称八路军四支队驻博山办事处）建立后，与中共博山县委取得联系，多次到县委汇报请示工作。根据县委指示，刘中和与乐疃村的孙克恒、孙猷升等联系组建乐疃乡乡政委员会，主要负责人是刘中和。

村公所、村民委员会。1945 年 11 月，建立村民委员会，刘升洪任村长。村民委员会设生产组、文教组、职工会、农村合作社。组织村内瓦工、木工、石匠等开展大生产活动，不少农户都参加合作社，开办纺线、织袜等生产自救项目，入社的农户集资入股分红。新中国成立后，设村公所、社委会，负责人称村长、庄长或社主任。

大队社委会。1956 年，建起博山区第一个高级社，孙兆忱任社长。1958 年 9 月樵岭前大队委员会成立后，带领村民修建谷坊工程拦河坝 50 座，整修大寨田 40 余亩、修建水渠 4000 米、封山造林绿化面积 1.5 平方千米、放养柞蚕年最高产量 9 万千克，总收入 9.3 万元。

大队革命委员会。1967—1978 年，孙启禄、孙兆忱先后任主任，带领村民大搞农田基本建设，进行小流域治理 0.5 平方千米。

大队管理委员会。1978—1983 年，孙兆忱、孙兆庚先后任大队长，带领村民治山整穴，封山造林 1.5 平方千米，修盘山公路 6000 米，先后办起蛭石厂、机械厂、学校化工厂、木器加工厂等 12 家村办企业。

村民委员会。1984—2018 年，刘新鲁、刘同金、孙启新、刘新才、刘新永、孙丰举、刘新虎、孙丰彬先后任村主任，带领村民大办旅游业，先后开发樵岭前溶洞、王母池、天星湖、淋漓湖旅游景点，建革命烈士纪念碑、红色旅游纪念馆，促进了社会各项

村两委办公楼

事业的发展。2018 年年底，全村有个体私营企业 42 家，饭店 36 家，商业网点 20 多家。全村总收入 2.37 亿元，人均收入 2.3 万元。

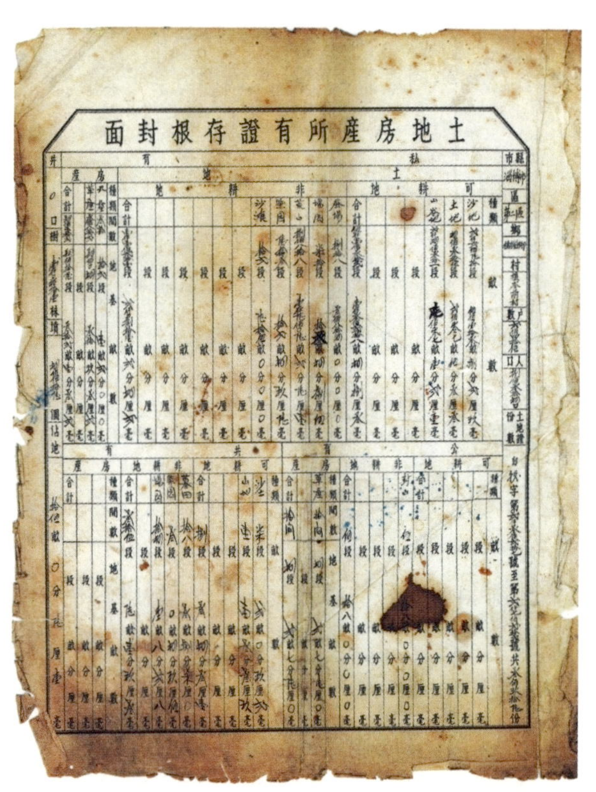
土地房產所有證存根封面

土地房产所有证（1951 年） 刘广海 提供

**经济建设** 明清时期，村民以种地、放养柞蚕、烧木炭为生。民国时期先后办起银楼、抽丝、织布、驼队、布匹、贸易货栈，石匠、铁匠、木匠业逐步兴起。部分流动人员“挑脚”往返于博山、莱芜、费县等地经销陶瓷、琉璃、日用小百货等商品。

新中国成立后，樵岭前村经济逐步发展壮大，依托当地自然资源放养柞蚕、烧木炭、条编、开采重晶石、花岗岩石，办起酒坊、抽丝厂、粉房、木器加工、烘炉、建筑队等副业。1977 年，全大队实现工副业年总收入 31.6 万元。

1978—1998 年，大队先后建

起蛭石保温材料厂、学校化工厂、机械加工厂、钢窗厂、包装制品厂、木器加工厂等12家村办企业。1982年，全大队实现总收入126万元，人均分配423元，名列全省人均分配300元以上的47个农村大队之一。在办好村办企业的同时，1984年，发展旅游业、印刷业，1997年全村总收入1820万元，人均收入2630元。1998年，樵岭前村被淄博市人民政府命名为“印刷专业村”“个体私营经济先进单位”。2018年，全村共有企业42家，其中印刷厂、包装制品厂28家，蛭石保温材料厂、矿泉水厂、机械制造加工厂等企业14家。个体业户36家，从业人员840人，全村经济总收入达2.37亿元，其中工业总产值1.92亿元，人均收入23600元。

1984—2018年樵岭前村产值、税收统计表

表4

| 年度 | 产值（万元） | 人均分配（元） | 税收（万元） | 年度 | 产值（万元） | 人均分配（元） | 税收（万元） |
|---|---|---|---|---|---|---|---|
| 1984 | 151 | 610 | 5 | 2002 | 2650 | 3120 | 91 |
| 1985 | 198 | 650 | 6 | 2003 | 2843 | 3643 | 96 |
| 1986 | 340 | 900 | 11 | 2004 | 3950 | 4010 | 136 |
| 1987 | 532 | 1130 | 13 | 2005 | 6320 | 5630 | 216 |
| 1988 | 460 | 1260 | 16 | 2006 | 7745 | 6760 | 232 |
| 1989 | 602 | 1350 | 18 | 2007 | 9150 | 6810 | 256 |
| 1990 | 720 | 1510 | 21 | 2008 | 8930 | 7920 | 273 |
| 1991 | 912 | 1650 | 23 | 2009 | 9148 | 10100 | 301 |
| 1992 | 1050 | 1710 | 24 | 2010 | 9860 | 10630 | 315 |
| 1993 | 1107 | 1830 | 31 | 2011 | 11510 | 10900 | 352 |
| 1994 | 1230 | 2150 | 39 | 2012 | 13500 | 13300 | 360 |
| 1995 | 1510 | 2260 | 49 | 2013 | 15600 | 15500 | 424 |
| 1996 | 1690 | 2340 | 52 | 2014 | 19800 | 18600 | 430 |
| 1997 | 1820 | 2630 | 56 | 2015 | 21500 | 20900 | 435 |
| 1998 | 1990 | 2850 | 59 | 2016 | 21700 | 21600 | 436 |
| 1999 | 2130 | 2920 | 63 | 2017 | 22600 | 22800 | 438 |
| 2000 | 2360 | 3050 | 73 | 2018 | 23700 | 23600 | 440 |
| 2001 | 2530 | 3100 | 82 | — | — | — | — |

商贸服务业。1949年前后，村内有小食品、杂货、烟酒糖茶、豆腐坊等经营店铺，称为“坐商”。商铺都是小本经营，时兴时衰，收入微薄。至1956年社会主义工商业改造基本完成后，个体经商者基本消失。进入20世纪80年代，国家实行搞活市场经济的政策，从此个体商业在村迅速发展。村两委大力支持个体商业的发展，积极扶持第三产

业。至2018年年底，全村个体商户有82家，其中饭店35家，小吃、烟酒糖茶、日用百货、蔬菜瓜果等共计31家，年营业额330万元。

1949年，域城供销社联社创建，设立樵岭前村代销点。1958年后，成为乐疃人民公社的商业网点。20世纪80年代初改制后，改为承包制。

银楼。1917年，刘振升去博山大街宋家胡同跟随钱家掌柜学徒。1924年，刘振升与其弟刘伦升、刘捷升、刘擢升开办起樵岭前聚诚银楼，是当时博山少有的几家银楼之一。为了便于商品流通经营，申请博山县府商会批准，发行部分银票，以此做大做强聚诚银楼的经营规模。银楼占地面积100平方米。银楼所打造的工艺品琳琅满目，有些饰品制作工艺多达六七十道工序，广受群众青睐。

货栈。清同治年间，村民刘永年在耕作之暇兼事贸易经营，主要以农副产品为主。清光绪年间，刘海石、刘序芫父子做布匹贸易。

20世纪30年代，村民赵纪昌投资1000多块银元办起驼队贸易货栈，规模发展到24峰骆驼，从事商品贸易批发、运输，并雇专人负责拉骆驼跑运输。往返于博山、莱芜、费县、临沂等地，驮运博山陶瓷、琉璃等商品，运回粮、油、麻等名优特产。1937年12月，日军侵占博山后，驼队贸易逐渐衰落。为抗击日军，赵纪昌和村民刘同恩合伙以做小买卖为名，从博山秘密给八路军根据地运送粮食和武器弹药，受到根据地军民的赞扬。后因叛徒告密，刘同恩被日军抓住杀害，贸易货栈被迫停业。

1938年起，村民李昌运由博山至费县从事往返贸易运输，主要经销批发博山陶瓷、琉璃等商品并雇佣伙计，生意兴隆。李昌运在费县建起贸易商行，并购置30多间房产及土地。1947年，因形势所迫，李昌运回到樵岭前务农。

**文化建设**

樵岭前村文化活动丰富，民间文艺活动有近百年历史，有京剧、吕剧、莱芜梆子、扮玩、腰鼓、秧歌、高跷、大鼓等，自20世纪30年代组织成立民间戏班子一直延续下来。每年春节，村民自发排演文艺节目。常演剧目有京剧《捉放曹》《空城计》《贵妃醉酒》《红嫂》《红灯记》《打渔杀家》，吕剧《喝面叶》《墙头记》《审椅子》《小姑贤》，莱芜梆子《三定桩》，五音戏《王小赶脚》《拐磨子》等。2000年后，歌舞、健身操、小品、相声、快板书、舞蹈和走秀等不同形式的文艺节目兴起。每年正月十五，樵岭前村都组织扮玩队伍到博山城表演，且锣鼓颇有名气，鼓谱有《玉芙蓉》《蓬莱阁》《闹花船》《水漫金山》等。

樵岭前村摄影联盟（2008 年）

秧歌队（2008 年）

樵岭前大队文艺宣传队合影（1979 年）　　刘持来　提供

樵岭前村摄影联盟成立于 2008 年 1 月，为全省第一个民间摄影组织。自成立以后，多次组织会员到国内外采风。会员作品多次在全国、省、市摄影比赛中获奖。2018 年，会员发展到 47 名，其中中国摄影家协会会员 3 名、山东省摄影家协会会员 22 名。

山东省摄影家协会樵岭前摄影创作基地于 2009 年 8 月创立。山东画报社樵岭前摄影创作基地于 2016 年 9 月创立。

樵岭前村的民间体育活动活跃。新中国成立前后，主要活动有捉迷藏、打卯子、踢毽子、跳绳、荡秋千、踩高跷、下象棋、练气功等。20 世纪 70 年代，村里常开展篮球、乒乓球比赛。20 世纪 80 年代后，村里建起体育场、文化娱乐广场，购置各种健身器材。2000 年后，村民收入不断增加，大部分家庭自备体育器材进行锻炼。

“三八”妇女节活动。2010 年后，村委会连续组织举办妇女健身活动，按不同年龄段分为老年组和青年组分别进行，比赛项目包括跳绳、踢毽、拔河、拍球、抢椅子、两人绑腿跑、端球赛跑等。每年参赛人数 300 余人，活动设一、二、三等奖，所有参赛人员均有纪念奖。

书画分会。2017 年 11 月，博山农民书画美术研究会樵岭前分会在樵岭前风景名胜区成立，会员有 15 人。

**社会建设** 私塾。清末到民国初年，先后有私塾两处，一处在河北庄，另一处在下庄，两处都是以民宅为学堂。学生多为富家子弟，系家长自筹资金办学。私塾先生有刘序儒、刘序骞、孙英堂、樊国栋、刘升春、孙会臣等。私塾办学形式有三种：一是富户人家在家设“家塾”，单独聘请先生教孩子；二是村里中等户和部分贫寒家庭十几户或几十户联合出钱凑粮办学，聘请先生授业；三是私塾先生开办学堂，附近子弟出钱粮上学。清朝时期，刘文祥、刘海芳、刘海赢、刘序儒、刘序贡、刘序骞、刘序昌、刘序袍、孙英塘、孙允升先后考中太学生、贡生、秀才。私塾 1937 年终止。

学前教育。1958 年，大队办起托儿所，有 2 ～ 3 名中年妇女照看孩子，教学唱歌、数数、看书、讲故事、做游戏等。一般在立夏、立秋农忙时组织，农闲停办。1976 年春，在上级教育部门的大力支持下，利用村小学校舍北屋 2 间，办起学前班（育红班）。大队配 2 名幼儿教师，进行学龄前儿童教育。1983 年，幼儿人数达到 70 人。村里投资 10 万元，建起新幼儿学校。1985 年 9 月，育红班随学校一起迁往北坡新园所，由学校管理，两个班 50 名幼儿，分大小班，全日制教学。1989 年 9 月，育红班搬迁到由村西场园生产队办公室改建的幼儿园，共有教室 9 间，占地面积 600 平方米，建筑面积 250 平方米。2002 年 10 月，村两委积极创建市、区一类园所，在“四小亩地”投资 24 万元，新建樵岭前幼儿园，占地面积 1000 平方米，建筑面积 500 平方米。1989 年 10 月，被评为淄博市市级一类幼儿园。

普通教育。民国初期，村内有 3 处学堂，教师 3 人，在校学生不足 40 人。1937 年日军侵占博山，樵岭前村遭受日军侵害，日军先后在庙子岭、北大顶建起三座炮楼，经常进村破坏地下党组织活动，学校被迫停课或采取游击式上课。1939 年后，学校恢复正常教学，当时学校为抗日小学，由地下党员任教，有抗日和日伪两套教材，敌来则以日伪教材为掩护，敌走仍学抗日教材。1952—1958 年，村小学教育得到较快发展，小学发展到 5 个班，有教师 8 人，在校生发展到 80 人，每年有十几名学生考入乐疃高小。1965 年，村里办起工读班，一部分上全日制学校有困难的学生，半天在家劳动，半天在校读书，入学率达 95%。“文化大革命”期间学校停课，外地教师回原籍。1968 年，学校下放大队办，贫下中农管理学校，孙兆训任贫管组组长。樵岭前小学为“戴帽”中学，增设初中班，学制改为8年，小学5年、初中3年。村小学兼办初中，1981年终止。1970年，“戴帽”中学由公社派孙学涛当负责人，自此学校行政和教学业务工作开始归教育部门管理。

中共十一届三中全会后，小学、初中实行分级管理。1979年，樵岭前大队投资近7万元，新扩建9间教室，实现两无两有六配套（无危房、无黑房、班有教室、人人有课桌凳，校舍、课凳、厕所、大门、院墙、操场六配套）。扩建后的学校，占地面积1330平方米，建筑面积750平方米，改善了教育教学条件。

1966年前，樵岭前小学是初级小学，招收1～4年级学生。5～6年级学生去乐疃学校上高小。自1966年第二学期开始，1～6年级学生在村学校上学。1969年，小学戴帽办初中班。白杨河村孙秀珍到樵岭前村成立第一个初中班。5年级、6年级学生合并，同时升入初中班。从此，小学由6年制改为5年制。初中班至1981年合并到乐疃中学。

扫盲。抗日战争时期，在各级民主政府的领导下，积极办“冬学”“识字班”，让农民识字学文化。1950年，教育部发布《关于开展农民业余教育的指示》，村里扎扎实实开展“冬学”运动，时称“农民夜校”。1951年冬，学校改称为“农民业余学校”。贯彻“以民教民，能者为师”的方针，学习《农民识字课本》。1952年，开始推广“速成识字法”，开展扫除文盲运动。要求凡是14～45周岁的文盲一律要入学校参加学习。村里安排分散办班，入学人数达80人。1954年，多次派民师到区里参加培训，进一步提高民师的教学水平。1958年，根据“奋战百日全部扫除文盲”的号召，部分青壮年经

樵岭前小学升旗仪式（2000年）

博山樵岭前学校第六届初中毕业师生合影留念（1977年）

过突击学习，能够读书、看报、写信，文化素质有了明显提高。1963 年农村经济调整后，扫盲工作得到恢复，樵岭前村业余教育工作有了新发展。在扫除文盲的基础上，村里又办起业余小学班、业余初中班，使全村 60 名青年摘掉文盲帽子。

1966 年，各种业余学习班全部停办。1978 年，贯彻国务院《关于扫除文盲指示》和第二次全国农民教育工作会议精神，恢复学习班，文盲和半文盲在短期内脱盲。樵岭前村根据该村实际，组织以科技队为主的 40 人“冬学农业科技班”，学习农业科学技术。1982 年，在扫除文盲半文盲的基础上，开始扫除科盲活动。全村举办农民科学技术培训班五期，派学员参加上级举办的科普班 30 多人次。2002—2015 年，远程教育、信息技术迅速发展，让村民通过观看电视农业科技栏目，迅速学习掌握农业现代化科学技术。

医疗。新中国成立前，樵岭前村没有诊所，群众看病只能请乡医。清光绪年间至民国初年，村民求医问药请乡郎中孙英堂，解放前后村民看病请乡郎中刘升銮。

1959 年，按照山东省卫生厅关于“公社建卫生院、各大队或自然村建立卫生室”的指示，樵岭前大队成立卫生所。上级政府先后派刘桂芹、高印堂、孙家和、高化宽、孙兆印、赵玉华、郇玉志、范爱婷、周祖佩等医生到村行医。诊所设在刘同忠家东屋，房屋两间。20 世纪 60 年代，全村有 8 名“赤脚医生”（亦农亦医卫生员）。赤脚医生先后有刘爱军、孙启通、孙丰喜、孙丽英。

1970 年 3 月，全村实行合作医疗，村民每人每次交 5 分钱看病拿药。1983 年 11 月 20 日后，不再实行合作医疗。1989—1992 年，再次实行合作医疗，每人每年交 10 元钱

山东中医药大学师生为樵岭前村村民义诊（2016 年）

即可到村卫生室看病拿药，到区级以上医院就医视费用多少分别按比例报销。1993 年以后，不再实行合作医疗，看病自己花钱。2008 年，开始实行新型农村合作医疗，全村大多数村民参加，有少数群众加入城镇医疗保险。

文明村创建。改革开放后，村里制定村规民约，坚持开展“星级家庭”“文明户”“文明和谐家庭”“四德”建设等活动。始终坚持两手抓、两手都要硬的工作方针，把实现“党风正、民风好、经济促发展、干群觉悟高”作为村精神文明建设的奋斗目标。樵岭前村先后多次被省市区镇各级部门授予“文明村”“文明单位标兵”“科普文明村”“山东省村镇建设明星村”“红旗文明单位”等荣誉称号。

文明创建。自 20 世纪 80 年代开始，樵岭前村大力发展集体企业，包括保温材料、印刷、旅游业，后逐步以旅游业为龙头，带动其他行业共同发展。樵岭前村在积极争创“文明村”“明星村”的基础上，加强引导，深入开展创建文明企业、文明业户活动。各企业加强文明行业工作建设，努力提高职工的思想觉悟和整体素质。至 2018 年，全村有 3 家企业被评为市级文明生产厂，15 家企业被评为区级“文明经商户”。

军民共建。自 1983 年起，淄博军分区博山区人民武装部、博山区驻军部队同樵岭前村开展军民共建社会主义精神文明、共建文明村、文明单位活动。1984—1987 年，中国人民解放军驻博部队某军通讯连、博山区人民武装部与樵岭前村结成共建对子。机关干部战士多次到樵岭前村，宣传党的富民政策，与广大青年民兵开展健康有益的文化体育活动，帮助村发展经济，开发旅游项目，发展商品生产。

军民共建（2014 年）

**基础设施建设** 村庄规划。20 世纪 90 年代前，樵岭前村住房建设缺乏科学统一的规划，都以农户原有的宅基地面积大小为一建筑设计单位，建设布局凌乱，土地利用不合理。

1994 年，樵岭前村开始对村庄建设进行全面规划。按照“二图一书”（现状图、规划图和规划说明书）的要求，编制新村建设规划。规划分期进行，第一期规划，村庄建设房屋成排，街道分明，学校、幼儿园、卫生室、商业网点、村委办公室等公用建筑，均集中于村庄繁华区域。新村建设住宅多为砖瓦房，部分农户采用了混凝土小构件和钢屋架、钢门窗。在第一期规划建设中，主要只建混合结构的二层小楼。

住房建设。1984 年，随着樵岭前村旅游业的兴起，前来观光的游客络绎不绝。旧村住房低矮，交通不便，影响旅游业的形象和发展。经村两委研究，从博山请来专业人员，成立施工领导小组。首先对三个自然村交汇处所处的黄金地段进行规划，建造别具风格的二层小楼。一层为门头房，二层为居住房。内室设有三室两厅，包括厨房、卫生间，一期工程建二层小楼 12 套。1995—2002 年建三幢居民楼 92 户。至 2018 年，全村共有 352 户村民住进楼房，其中进城购买商品房 160 户、村民自建二层小楼 100 户。平均每户居住面积 110 平方米。

办公场所。1991 年，在关帝庙前以南，建起占地面积 1800 平方米的 4 层办公楼，设有村委办公室、党员活动室、卫生室、文体中心、会议室等。

邮电支局。20 世纪 90 年代，投资 200 余万元，在村委办公楼西侧建起村级邮电支局，

樵岭前村商业街（2018 年）

樵岭前村邮政分局（2018 年）

樵岭前村卫生室（2018 年）

设有 100 对电缆，为全村 90%以上的户安装程控电话。同时还设有邮政储蓄业务，为全村存取款提供了方便。邮电支局于 1995 年 6 月 14 日举行挂牌仪式，为山东省第一家农村邮电支局。

樵岭前小学。位于村中心，两层建筑，占地面积 3000 平方米，建筑面积 1200 平方米，总投资 50 万元。1987 年被列为省级花园式学校。

卫生室。位于村委办公楼西侧，占地面积 600 平方米，建筑面积 400 平方米，投资 50 万元。1991 年开始筹建，1992 年交付使用。

幼儿园。位于小学西侧，两层建筑，占地面积 2000 平方米，建筑面积 500 平方米。2001 年投资 60 万元建成，2002 年竣工投入使用。1989 年 10 月，被淄博市教育委员会评为市级示范幼儿园。

供电。1960 年，樵岭前村借助大炼钢铁之际，从乐疃铁矿引用线路，使樵岭前村第一次通电，结束了村民使用煤油灯的历史。1994 年，投资 20 万元购进 550 千伏安变压器，用于农田灌溉、农产品加工等家庭配套设施基本实现电气化。进入 21 世纪，随着村办企业的发展和家用电器的普及，电力供应成为制约村经济发展和村民生活用电的主要因素。2008 年，村新上 2310 千伏安变压器一台，解决了企业用电和村民生活用电的难题。

生活用水。20 世纪 70 年代，樵岭前村饮水大都从河里取水。因河水污染，1991 年

樵岭前村矿泉水厂（2017 年）

在下庄村建起泵房，铺设供水管道 500 米，将水供到各家各户。1995 年，在村西建矿泉水厂，80% 的村民用上矿泉水。2009 年，个人集资和集体筹资共 80 万元，对村供水线路进行全面改造，铺设 PE 管道，并引用淋漓湖水源。

供暖。1996—2003 年，村两委相继建起三幢居民楼，居住 92 户。因地形条件限制和建设时间不同等因素，分别建锅炉房三处，设备总投资达 40 万元，供热面积 1.1 万平方米。

交通。原先樵岭前通往博山的道路要经过庙子岭，路陡弯坡多。1976 年 12 月 1 日，村两委决定，将原道由庙子岭改到下河，与国道 205 线接轨。经过 6 个月艰苦施工，凿出长 3000 米、宽 6 米的路面，总耗资 180 万元，搬动土石 15 万立方米，投工 1.5 万个。

49 路公交车（2019 年）

愧鱼桥（2018 年）

1974 年，村委在关庙前两河汇流之处修筑一座连心桥，总投工 1.2 万个，解决了村民由于洪水隔断出行难的问题。1995 年，将白杨河至村内 2500 米的路面进行硬化，彻底改变路面坎坷、晴天尘土飞扬、雨天泥泞难行的状况。

大山深处是我家（2018 年）

# 文物胜迹

樵岭前村历史悠久，文物胜迹众多。村域内有春秋战国时期修筑的梯子山齐长城遗址。樵岭前村有近500年烧木炭的历史，在明代先民利用槲棒烧木炭，全村先后建成木炭窑30余处。村内还有李家寨顶遗址、日本侵华时期日军所修的北大顶炮楼、战略公路遗址，保存完好的古院落2座。另有王母庙、关帝庙、土地庙、龙王庙、托前坡山神庙、蚕姑庙、仙人庙、仙姑庙等数座古庙。

# 古遗址

**樵岭前李家洞遗址** 位于村东1200米处，面积1500平方米。1985年开发溶洞时，在李家洞出土夹砂黑陶罐口沿、夹砂红陶鼎足、鬶足、鸡冠纽鼎足等物件，发现原始动物化石群。出土物件，经泰山学者、齐长城考察专家李继生鉴定为龙山文化时期的物件。原始动物化石群，经中国科学院古脊椎动物与人类研究所专家计宏祥，山东师范大学地理系古生物研究教授李舒，山东省地质博物馆副馆长、高级工程师张希禹和山东省地质博物馆自然部主任张生鉴定为“第四纪冰川原始动物化石群”。1986年，樵岭前村在开发李家洞时出土锥形灰陶残片，经专家鉴定是大汶口文化时期的三足鬶的一足。还发现未形成化石的古人“头盖骨”，经鉴定确认为是大汶口文化时期的人。

**梯子山齐长城遗址** 齐长城修筑于东周时期，1997年6月至1999年6月，山东省华夏文化促进会、泰山世界自然文化遗产研究会组成的考察组，对博山境内的齐长城进行实地考察。齐长城在博山段有三条线，其中有一条主线、两条复线。樵岭前梯子山齐长城段属于一条复线，该线经青石关至梯子山、望鲁山北麓，全线2350米，是齐鲁交界的重要通道和关口。梯子山与望鲁山之间，至今仍保存有比较完好的“桥门洞”。

齐长城遗址（2015年）

齐长城遗址碑（2015 年）

**木炭古窑遗址** 樵岭前村地处山区，境内有槲树场面积 400 多公顷，槲树主要用于放养柞蚕。在明朝年间先民利用槲棒烧木炭，全村先后建成木炭窑 30 余处。至 20 世纪 90 年代初，由于管理不善，大部分已坍塌，只保留部分遗址，保护比较完好的有三座。木炭窑有两种：一种是黑炭窑，另一种是白炭窑。黑炭窑容量大、装料多，与白炭窑形状不同，烧窑工艺也不一样，烧的时间长，用闷火烧。以树墩、硬杂木为原料，出炭多、烟多、热量低，用途范围小。白炭窑用三年以上槲棒为原料，烧出的木炭大小不一，敲击有清脆响声。

木炭窑大多在槲树场附近，方便运输。成窑必须选择好的实土层，从地面往下挖

木炭古窑遗址（2013 年）

成口小、肚大，中间直径长 2 米、高 3 米的陶罐形圆窑。从上面装槲棒，另一侧留有出烟口，从窑底挖开小的窑门往外钩大炭。在窑底另一侧挖 20 平方米的大坑，存放火炭。在烧木炭前，先装槲柴禾连烧 3 窑，然后再装槲棒，利用窑的热量把槲棒烧成火炭。每天出一窑，上午 10 点装窑，第二天早上 6 点出窑，由 4 人操作完成。从窑里扒出火炭，再用拌好湿窑土培好封严，以防返火烧化木炭。待 3 个多小时后，就可以从窑土里捡出烧好的木炭。每窑装 1000 多千克槲棒，烧出 200 多千克木炭。烧窑一般都在冬、春季节，每年烧出木炭 6 万多千克。

此种木炭无烟、无味、热量大，用途广泛。博山的元宵节扮玩、舞龙灯、玩火球用木炭砸碎装进铁丝网点燃开道，磨细喷火，效果更佳。民间吃火锅，首选这种木炭。

抗战时期，由于汽油昂贵限购，无论货车、客车、私家车纷纷改装烧火炭。20 世纪 50 年代初期，仍有一些城市还有烧木炭的公交车在运营。木炭工业用途广泛，主要销往胜利油田、机械翻砂厂、陶瓷厂、烟花爆竹厂，也曾出口到日本等地。

**北大顶炮楼、战略公路遗址**　1941 年 2 月，日本侵略军对博山、莱芜两县进行大肆掠夺，修建博山莱芜最早的战略公路。该路总长 50 余千米，路经樵岭前村。同年 9 月，

庙子岭战略公路遗址（2018 年）

李家寨顶遗址（2019 年）

日伪军为长期控制这条交通要道，在村北大顶修建炮楼，并派重兵把守。1944 年，中共泰山警备团和区中队两次攻打北大顶炮楼，都取得胜利。日军为把守此战略要地，重新修筑炮楼，恢复据点，抽调一个伪警备队和一个小队日军驻防，又在北大顶东西两个山头新建两座炮楼，派驻日军和伪军一个连。1946 年 8 月 22 日，中共鲁中军区九师二团在团长岳俊指挥下，第三次攻打北大顶据点，经过 5 个小时的激战，北大顶、庙子岭三个炮楼全部被端掉。

现存博莱战略公路遗址 600 余米。2015 年 7 月 7 日，被博山区政府公布为区级重点文物保护单位。

**李家寨顶遗址** 位于博山溶洞山崖顶端。传为明朝末年大方山起义军领袖李东岱率兵盘踞此处所建。该寨周长 350 米，残墙尚存。

## ◉ 古院落

**刘家大院** 位于村西，建于明末清初。大门坐北朝南，背山面水，绿树掩映。由三个院落组成。有瓦房 17 间，草房 20 多间，以北屋为上房，东西为偏房，另有棚子、栏圈。住有六七户人家，且是同姓同族。

瓦房建筑考究，木制房架，以砖石砌墙，灰土打底，料石作基。檩、柱、梁（柁）、椽、大门、窗等均用当地木材。木制房架周围以砖石砌墙，灰土打底，料石作基，青砖拔垛，屋檐、屋哨用青砖黄板。窗台石以上，门、窗用青砖拔垛、镶边，屋面用小青瓦覆盖，屋脊、屋哨用黄板小筒瓦垒起。

刘家大院（2018年）

草房是砖石结构，墙厚0.5米，木门、窗棂、大梁、檩用当地木材。房面用高粱秸编成箔材，用麦秸或黄白草一层层铺成，用葛条扒住，屋脊用谷草拧成。草屋冬暖夏凉，麦秸屋面一般十年修缮一次，黄白草屋面可保持20年不漏水。

大门外有凉台石凳，大院门前原有唐代槐树一棵，1979年修建乡间公路时被砍伐。

刘家大院建筑年代久远，文化底蕴深厚。刘周氏（刘永年之妻）督理家政有方，日子殷实。她有3个儿子9个孙子，1个儿子是太学生，2个孙子考中秀才。清光绪十九年（1893），在她八十寿辰时，被博山县授予“彤管流芳”黑底金字荣誉大匾。秀才刘绪骞曾在院内开设私塾，在抗日战争和解放战争中，刘氏后人有5人参加革命。

**孙家大院** 大门坐北朝南，是一座四合院落，建有18间房子及迎壁墙。房子均用石头黄泥砌成。老式木大门，花格窗棂，青砖拔垛，过门石、迎缝石、窗台石都是用錾子整理好的料石，屋檐用小青瓦作海青，屋面上覆麦秸，屋脊用谷草拧成。

孙家大院（2019年）

大院文化底蕴深厚，官

绅兵学人才辈出。清光绪年间邑庠生孙英塘为乡郎中、教书先生。民国时期孙允升考入山东省济南高等学堂。在抗日战争和解放战争中，多人参加革命。彭祖德曾任中国人民解放军空军军衔处处长，孙晓光曾任博山县原山区区委书记、淄博市副市长、市人大常委会副主任等职。

## 庙宇

**王母庙** 位于樵岭前村南王母池瀑布上方，建于明初。历经多次修缮。1985 年重修，并在庙前建起凉亭 1 座。2015 年再次扩建翻修，占地面积 200 平方米，庙南建有长廊等配套建筑。庙东建观音庙 1 座，占地面积 60 平方米。每年农历三月初三、七月十八，举办王母庙会。

庙东有一数丈高的石头，酷似美女，亭亭玉立，人称“王母石”。庙南有一重约十吨的硕大“石桃”，上刻“桃一熟，岁九千”。

**关帝庙与土地庙** 建于明初，两进院落，上院关帝庙，下院土地庙。关帝庙坐北朝南，青砖黑瓦，雕梁画栋。“关老爷”塑像端坐正中，两侧建有厅房，院内栽植古柏、古槐，枝繁叶茂，遮天蔽日。历史上，樵岭前先民按“关老爷”旨意教育后辈，做人做事首先要学做人，要讲诚信，讲道德，助人为乐，和睦友善。

王母庙（2013 年）

土地庙坐西朝东，用砖石建成。里面供奉土地爷爷、土地奶奶和小鬼。

关帝庙与土地庙毁于20世纪50年代。

**龙王庙** 建于明初，在王母庙下面，坐北朝南，料石结构。“龙王爷”塑像端坐庙中。

**山神庙** 建于明初，位于王母池北面，此处地势平缓，背靠阎王鼻子山头、老猫头山顶，南观望鲁山、天心峪后崖、齐长城遗址。现保留庙台和一座小庙，庙旁有古柏一棵，枝繁叶茂，树干笔直，树冠似伞，有600多年历史。

山神庙（2017年）

**蚕姑庙** 位于樵岭前村西大南峪口，建于明初，清嘉庆二十三年（1818）四月十三重修，毁于“文化大革命”期间。现存碑碣一方，依稀可辨出碑文。

蚕姑庙旧址（2017年）

横批：敬神如在。上联：保一方茧业兴旺；下联：佑四时禾苗肥壮。

**仙人庙** 建于明代，位于村南封山脚下，坐南朝北，是用条石垒成的石庙，占地面积60平方米。每逢节令，村民就

仙人庙旧址（2018年）

去祭祀。现遗址可辨。

**仙姑庙**　建于明代，位于村南封山脚下，石头结构，占地面积 30 平方米。过去，每逢初一、十五，村民都给仙姑上灯进香。“文化大革命”期间被毁。

## ◉ 古碑

**重修王母池记碑**　碑在樵岭前风景区王母池庙内，清光绪二十七年（1901）立。石灰石质。高 1.3 米，宽 0.65 米。刘玉琨撰文，刘绪儒书丹。正文楷书，字径 0.3 米。碑体完整，文字清晰。该碑记载，清道光时期，附近善信曾重修樵岭前王母祠、龙神庙。清道光二十九年（1849），官府曾下告示封山，禁止樵采，当时未曾立碑。此次重修以后，将两事一并立碑，以存永久。

**清光绪二十七年重修王母池庙记碑**　碑在樵岭前风景区王母池庙，清光绪二十七年（1901）立。刘玉琨撰文。石灰石质。高 1.4 米，宽 0.6 米。正文楷书，字径 0.03 米。题

重修王母池记碑

清光绪二十七年（1901）重修王母池庙记碑

名楷书，字径 0.02 米。额题“万古流芳”，楷书，单行，字径 0.1 米。碑除一角残缺外，剩余部分文字清晰。该碑记载了清光绪二十七年马公祠董事人等主持重修王母池庙之事，并附施地善信题名及所施地四至。

**清宣统三年樵岭前跳社记事碑** 该碑记载清宣统三年（1911）樵岭前庄属神头社管辖，由于社费不公，产生讼累案，乡民共议，力争跳入颜神社，经协商平息后分别在博山县和樵岭庄立碑。刘序贡撰文，孙允升书丹，石灰石质。高 0.5 米，宽 0.73 米，厚 0.18 米。正文楷书，字径 0.05 米。碑体已残，大部分字迹清晰。

## ◉ 古树

村境内树龄在 100 ~ 600 年的各种树木以及槲树墩，数量颇多。其中，100 年以上黄楝树 18 棵，棠梨树 18 棵，君迁子 9 棵，白杨树 12 棵；200 年以上板栗树 42 棵，枣树 8 棵，楸树 2 棵，皂角树 1 棵；300 年以上板栗树 30 棵，黄杨树 1 棵，柿子树 15 棵，黄伊 15 棵；500 年以上国槐 1 棵；600 年以上柏树 23 棵；300 ~ 600 年的槲树墩约 6 万多个。

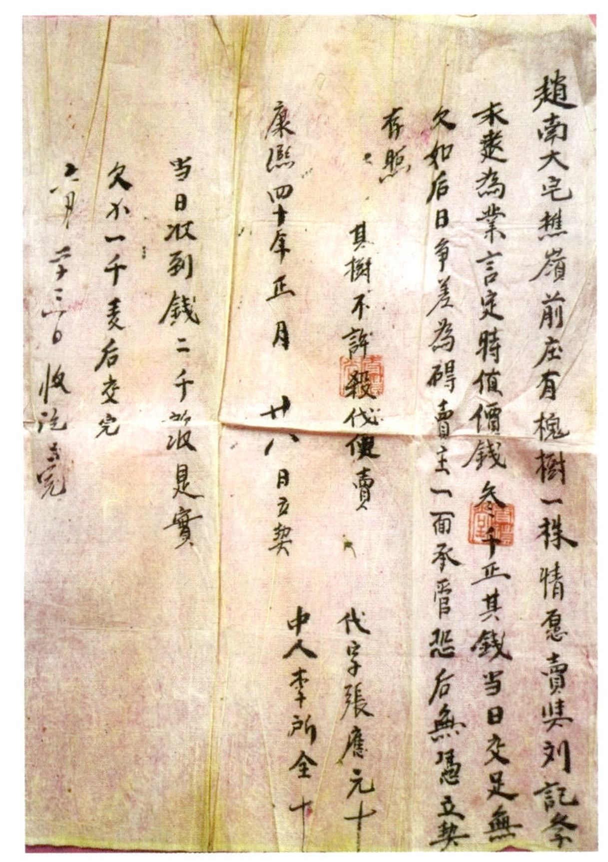
趙南大宅樵嶺前庄有槐樹一株情愿賣與刘記
永遠為業言定時值價錢叁千正其錢当日交足無
欠如后日争差為碍賣主一面承管恐后無憑立契
存照
其樹不許殺伐便賣
代字張應元十
康熙四十年正月 廿八日立契
中人李所全十
当日收到錢二千整收是實
欠不一千麦后交完
六月二十三日收訖完

清康熙四十年（1701）樵岭前村民刘继学买颜神镇赵氏人家唐槐文书　　刘彬　提供

**唐槐** 位于村西道路中心。该树原属博山赵家，清康熙四十年（1701）正月二十八日，樵岭前村刘氏十六世族刘继学花三千钱从博山赵家买过树权。文书言明，该树只能看管，不许砍伐、变卖。胸径 2.2 米，高 20 多米，冠覆 400 多平方米。其根部有洞，中空，同时可容 5 人在内，侧枝探至河中心位置。1979 年 12 月，因村里修路拓宽被伐。被伐之后，其根部又长出一株“小唐槐”，主干高 4 米，树径 0.23 米。

另有两株国槐在下庄村东头一株，河北村西头一株，树径均在 1.2 米以上，高 15 米多，冠覆都在 300 多平方米。二十世纪六七十年代先后被伐。

板栗树王（2017 年）

**板栗树王**　位于村西南，胸径 1.4 米，高 15 米，主干上长有两大侧枝，冠覆 300 多平方米，长势旺盛，枝繁叶茂，经专家测算，树龄在 1000 年以上，有“板栗树王”之称，每年仍可收获栗子 50 多千克。

古柏（2017 年）

**古柏**　位于王母池景区山神庙旁，生长在脊薄的砂岩之中，树龄 600 多年，主干高 6 米，胸径 0.4 米，冠覆 60 多平方米。长势旺盛。

## ◉ 其他文物保护单位

**谷坊工程**　博山区孝妇河上游谷坊工程被列为淄博市重点工程。1953—1956 年先后在望鲁山流域、禹王山流域共建成拦水坝 50 座，其中大坝 35 座，小坝 15 座。大坝长 20 余米，高 6 ~ 10 米。小坝长 3 ~ 6 米，高 2 ~ 3 米，挖土石方 10 万立方米，用石料 8 万立方米。建设谷

谷坊工程（1954 年）　　（刘同忠　提供）

坊工程为治理河道，改缓沟床坡降，缓洪拦沙，防止水土流失发挥了重要作用。2015 年 7 月 7 日，博山区政府公布其为区级重点文物保护单位。

**淋漓湖水渠**　位于大寨顶阳坡，1971 年在悬崖峭壁之上依山就势而建，像一条“人工天河”，宽 2 米，高 1.2 米，总长 4000 余米，后建成风景旅游区。2015 年 7 月 7 日，博山区政府公布其为区级重点文物保护单位。

淋漓湖水渠（2014 年）

天星峪（2018 年春）

# 红色印记

樵岭前村是革命老区，具有光荣的革命传统。早在中国共产党建党初期就开始了党的活动。抗日战争和解放战争时期，在党的领导下，樵岭前人民积极配合地方武装与日伪军开展了艰苦卓绝的斗争，参加车子队、担架队、挑运队，踊跃支援前线。

## ◉ 武装组织

**樵岭前村民兵联防大队** 1943 年 8 月初，博山县二区武工队成立。此时，以樵岭前村民兵为主要力量的民兵联防大队已发展到 120 余人。联防大队在武工队的领导下，在搞好乐疃、白杨河等村警戒的同时，向博莱战略公路沿线开辟红色堡垒村，发展壮大抗日进步力量，打击顽固分子。采取“挑帘战”“捕捉战”“院落伏击”等战术，打击四处抓丁、抢劫民财、奸淫烧杀等对群众危害极大的小股敌人；对汉奸和顽固不化的伪军头目，则采取“单打一”“掏老窝”等手段，坚决予以镇压。联防大队还经常借夜幕的掩护，开展贴标语、破公路、炸桥梁、割电线等对敌斗争。

为遏制樵岭前民兵联防大队的活动，保障博莱战略公路的物资流通，日军抽调兵力，企图在庙子岭、北大顶建立新据点，控制山头、樵岭前、乐疃、白杨河等村庄。联防大队得知后，决定用地雷破坏敌人的阴谋。孙晓光、孙曙光（二人均为樵岭前村人）带领民兵队员，在博莱战略公路上埋下地雷，使敌人提心吊胆，不敢近前。

为分化瓦解敌人，联防大队对困守在神头发电厂和庙子岭公路据点的日伪军开展政治攻势。其中的伪军大都是当地人，民兵队员发动其亲友家属开展工作，经劝导有的伪军携枪向联防大队投降，有的装病回家，有的转变为抗日的内线人物，有的偷偷溜到博山城里。

1942—1945 年，民兵联防大队在“消灭鬼子汉奸，解放博山”口号的激励下，始终保持旺盛的革命斗志，冲破重重艰难险阻，保卫了在博山二区的樵岭前兵工厂、大众日报印刷所、淄博特区战时邮局的正常生产，支援了前线的对敌斗争，为赢得抗日战争和解放战争的胜利发挥了重要作用。

**樵岭前村民兵小分队** 1945 年 8 月日军投降后，樵岭前村成立 30 多人的民兵小分队，并配备武器，刘同传任队长，孙即俊任指导员。8 月，村党支部派出 30 多名民兵从莱芜县西坡村向桓台索镇担运炮弹。历经几昼夜长途跋涉劳累，完成了任务。22 日，村党支部组织 6 副担架、24 人，支援鲁中部队三师七团攻打博城。23 日，在攻打博城奎星楼时，樵岭前村支前民兵王太福、孙兆文等冒着生命危险将伤员救出。

同年12月3日晚，淄博独立营、博山县独立营配合鲁中军区警备一团向博城外围敌据点进攻。民兵小分队队长刘同传带领民兵一个班和乐疃村民兵一个班，配合部队参加攻打博山神头发电厂的战斗。

1946年1月11日，鲁中军区九师二十六团，在师长钱钧、政委李耀文指挥下向盘踞博山的敌军发起进攻。村党支部派出民兵小分队队长刘同传带领民兵一个班和乐疃村民兵一个班参加战斗。6月，樵岭前村民兵班参加博山县民兵营攻打张店、胶济铁路的战斗，村民兵孙兆恒在战斗中牺牲。派出一个班民兵负责往原山区运送粮食物资等，完成任务后又编入县武工队负责保卫两个野战医院，转战太河、峨庄、益都、临朐等地。8月完成任务后返回樵岭前村。同月，国民党军又修了东炮楼、大寨顶炮楼，派一个连兵力把守。为拔掉敌人据点，鲁中军区九师二团奉命侦察，村党支部积极配合，派出民兵观察敌人的活动。有一天，国民党便衣特务王义文到樵岭前村西南一带活动，被民兵孙即俊、孙兆永等抓获，从其口中获悉北大顶炮楼内情。8月19日，村党支部派民兵孙兆庚、刘同俊、孙兆永到部队做向导，九师二团经过5小时激战，成功打掉敌人炮楼。

1947年2月，莱芜战役望鲁山外围狙击战中，村党支部派民兵32人参加后勤支援、清扫战场。4月，派一个民兵班保卫山头、石炭坞等地露天粮站。5月，县委计划组织15000人运粮，樵岭前全村总动员，派出民兵、青壮年50多人，从八陡向沂源县坡丘突击运粮。29日挑上粮食出发，翻山越岭，奋战4天完成任务。6月，为支援前线作战，根据上级指示，全村再次总动员，突击运军粮，村党支部组织民兵、民工、支前人员70多人，由孙即俊带队，从郭庄往沂源鲁村运送军粮，奋战一周完成运粮任务。7月，根据上级安排，村党支部派孙兆魁带领一个民兵班，去泰山支前司令部（驻莱芜上游村）接受任务，配合各县武工队负责博山、章丘、莱芜、泰安、淄川等县保卫和通讯任务；同月，村党支部组织委员孙兆恺带领民兵支前，参加南麻战役。8月中旬，村党支部又派民兵刘持玉、刘同起、孙兆兴去替换前一批人员。8月27日，鲁中警七团政委张建庚带领一个营战士护送博山、淄川1000多名干部和土改积极分子转移。途中在禹王山与国民党新五军一个团相遇，民兵队小分队队长刘同传、指导员孙即俊带领樵岭前村一个民兵排参加二区民兵联防大队，配合淄川、博山两县，博城、原山两区武装参加战斗，与敌激战一天，毙伤敌官兵70余人，其中毙敌团参谋长一名，掩护了中共干部群众安全转移。同月，国民党派便衣特务到村内刺探情报，被民兵孙兆兰、孙兆忱、刘升学、刘持玉、孙启秀、岳宪章发现后进行围捕，抓获其中两人。国民党侵占博城后，博城周围一带形势恶化。中共博山县委抽调樵岭前村一批民兵骨干参加区武工队，还抽调村民兵孙兆珍、孙兆永等 9 名骨干保护抗日家属、县委驻地，一边保卫县机关，一边保卫群众的秋收，历时 40 多天。12 月，驻博城的敌军从小顶山出发偷袭马公祠村，到团山时踩响樵岭前民兵刘同恒、刘同蕙及武工队员事先埋设的地雷，死伤五六名，剩余敌军逃回博城。

1948 年 2 月 24 日，博山县独立营和原山、博城两区区中队在孙晓光、王化桂等率领下突袭房家庄敌据点，歼灭敌自卫大队联保队 66 人，解除博城敌军对西山根据地的威胁，受到泰山军分区通令表扬。

1949 年 2 月，中共博山县委、县政府区抽调民兵 400 多人，组成子弟兵营，编入华东支前司令部十三团三营。樵岭前村孙兆训、王太祯两名民兵参加子弟兵营，于 2 月 9 日离家，随部队渡江南下参战。7 月返回。

**樵岭前村儿童团** 1939 年 9 月，博山县二区要求抗日根据地以村为单位建立儿童团组织。1940 年 3 月，樵岭前村儿童团成立。之后发展到 35 人，团员都是十几岁的儿童，刘同忠任团长，孙学义、李同福任副团长。团部下设小队，一般每 10 人为一小队。

樵岭前村儿童团在抗日战争和解放战争中发挥了积极作用。抗日战争时期，儿童团配合村党团组织、村政权和地方武装组织开展对敌斗争，组织儿童站岗放哨、盘查行人、防奸防特、传递情报，开展拥军拥属。儿童团还是宣传抗日、学习文化的大学校，在会议前后、地头堰边学唱抗日歌曲，开展抗日宣传；平时组织学习文化，学习抗日识字课本和自编教材，在村口站岗放哨处设置小黑板，每次写上 3 ~ 5 个不等的字，让过路人认读，不会的就教，教会了才走。解放战争时期，儿童团围绕破除迷信、土地改革、慰问烈军属等开展活动，如教唱革命歌曲、贴标语、呼口号，宣传鼓动群众。

1948 年，博山全境解放，村儿童团组织撤销。1949 年，成立村少先队。

新中国成立前樵岭前村参加人民军队人员统计表

表 5

| 姓名 | 参军时间 | 姓名 | 参军时间 | 姓名 | 参军时间 |
|---|---|---|---|---|---|
| 孙允德 | 1937.12 | 孙启有 | 1940.5 | 刘升高 | 1940.8 |
| 刘同利 | 1938.2 | 刘持寅 | 1940.8 | 孙启恒 | 1943 |
| 刘升民 | 1938.3 | 刘升成 | 1940.8 | 孙学英（女） | 1943 |
| 刘同修 | 1938.3 | 刘同鲁 | 1940.8 | 杨士芳（女） | 1943 |
| 刘同祯 | 1938.3 | 赵玉珠 | 1940.8 | 孙启杰 | 1944.6 |
| 赵纪美 | 1938.4 | 李同兴 | 1940.8 | 赵纪训 | 1944.6 |
| 李昌信 | 1938.4 | 刘同懋 | 1941.2 | 孙兆悦 | 1944.7 |
| 刘同贵 | 1938.5 | 刘升擎 | 1941.2 | 孙启炳 | 1944.7 |
| 王新安 | 1938.9 | 孙兆和 | 1941.2 | 孙学朴 | 1944.7 |
| 彭祖德 | 1938.9 | 刘同乾 | 1941.4 | 孙启祯 | 1944.7 |
| 李昌颜 | 1938.12 | 刘同柱 | 1942.2 | 孙兆庚 | 1944.7 |
| 王太志 | 1939.4 | 孙兆华 | 1942.3 | 孙启俊 | 1940.9 |
| 孙学曾 | 1939.5 | 刘同云 | 1942.9 | 李昌瑞 | 1943 |
| 刘持芳 | 1939.6 | 赵玉祥（后离队） | 1942.9 | 刘持刚 | 1944.7 |
| 刘宝升 | 1939.6 | 孙兆德 | 1943 | 孙兆丙 | 1944.8 |
| 刘同登 | 1939.6 | 孙启太 | 1943 | 孙向彩（女） | 1944.8 |
| 刘随升 | 1939.8 | 孙启胜 | 1943 | 刘持杰 | 1944.8 |
| 刘绪祥 | 1939.9 | 孙启朋 | 1943 | 赵玉秀 | 1944.8 |
| 刘长升 | 1939.10 | 孙允成 | 1943 | 刘志升 | 1945 |
| 孙兆泉 | 1939.10 | 孙兆峰 | 1943 | 刘持恒 | 1946.2 |
| 刘同浩 | 1939.10 | 孙兆亭 | 1943 | 孙允恭 | 1946.6 |
| 刘同商 | 1939.10 | 孙启彬 | 1943 | 刘升科 | 1946.6 |
| 刘同怀 | 1939.10 | 李昌祥 | 1943 | 刘持富 | 1943 |
| 刘同周 | 1939.10 | 孙学颜 | 1943 | 刘绪清 | 1943 |
| 刘持中 | 1939.10 | 赵纪发 | 1943 | — | — |
| 刘持凤 | 1939.10 | 刘兰升 | 1943 | — | — |

新中国成立前樵岭前村参加民兵组织人员统计表

表 6

| 姓名 | 参加民兵组织时间 | 姓名 | 参加民兵组织时间 |
|---|---|---|---|
| 刘同传 | 1945.8 | 刘朴生 | 1946.1 |
| 孙即俊 | 1945.8 | 孙兆忱 | 1946.1 |
| 刘持瑞 | 1945.8 | 孙兆训 | 1946.1 |

续表 6

| 姓名 | 参加民兵组织时间 | 姓名 | 参加民兵组织时间 |
|---|---|---|---|
| 刘持玉 | 1945.8 | 孙兆祯 | 1946.1 |
| 岳宪章 | 1945.8 | 孙兆恒 | 1946.1 |
| 孙兆纯 | 1945.8 | 孙启彬 | 1946.6 |
| 孙兆永 | 1945.8 | 孙兆庚 | 1946.8 |
| 孙兆兴 | 1945.8 | 孙兆魁 | 1947.4 |
| 孙兆珍 | 1945.8 | 孙启信 | 1947.7 |
| 孙启秀 | 1945.8 | 孙兆兰 | 1947.8 |
| 孙启玉 | 1945.8 | 刘升学 | 1947.8 |
| 刘同伦 | 1945.8 | 刘升珍 | 1947.8 |
| 刘同起 | 1945.12 | 李同瑞 | 1947.8 |
| 王太祯 | 1945.12 | 刘同惠 | 1945.12 |
| 王太福 | 1945.12 | 刘同富 | 1946.1 |
| 刘持平 | 1945.12 | 彭祖阴 | 1947.8 |
| 刘同恒 | 1945.12 | 刘持贵 | 1947.8 |

## ◉ 革命战事

**攻克北大顶日军据点** 1938 年春，成立村政委员会后，组织民兵性质的自卫团，用手中的土枪大刀，抵御日伪、土匪的骚扰。1939 年初，樵岭前村 7 名青年报名参加博山县李家镇骨干培训班，其中 6 名青年在训练班加入中国共产党，回村后积极投身到抗日斗争，成为抗日骨干。

1941—1943 年，樵岭前一带的抗日斗争形势恶化，处于极端困难时期。1941 年 2 月，日军开始修筑博莱战略公路，同时在北大顶、大寨顶、庙子岭筑起 3 座炮楼，对当地进行骚扰掠夺。9 月 18 日，日军对二区进行空前残酷的“扫荡”，村党支部秘密组织党员民兵在淋漓沟设立隐蔽棚，掩护突围的区机关干部。同时利用各种形式护送路过的部队和抗日干部。1944 年，泰山地委与第一军分区，组织攻打北大顶炮楼前，樵岭前村民兵作为向导，对敌据点地形进行详细侦察。3 月 22 日晚，第一军分区部队，分别由二区委宣传委员孙曙光，区公安员孙即显（樵岭前村人）等带领，兵分三路，向敌炮楼逼近。激战半小时后，俘虏全部守敌。缴枪 93 支，轻机枪一挺，子弹一部分，军分区部队无一伤亡。

**神炮巧杀敌** 1941 年 2 月，驻扎在博山的日军开始修筑博山至莱芜战略公路。该路

望鲁山（2015 年）

段总长 45 千米，樵岭前村路段 3 千米。日军为赶工期，从各地强行征集民工，调动工兵和一个伪军中队，重点监督监视从神头至樵岭前段的施工。6 月，中共二分区委趁日伪军强行征集民工之际，指示樵岭前村党支部选派 5 名武工队员混入修路民工中。武工队员在打眼放炮安装导火线之前，寻机巧妙埋设自制地雷。当点炮未响，日军到炮眼处查看时，地雷爆炸，当场炸死 5 名、炸伤 2 名日军。

**攻克土门头** 1944 年，八路军攻克北大顶敌据点后，驻土门头日伪警察所的敌人惶惶不安，惟恐八路军袭击他们。3 月底，博山县委组织委员孙曙光、区公安员孙即显得知情况后，就组织樵岭前村民兵孙兆鸿、赵纪训、孙启炳，乐疃村民兵孙即耀、孙即荣、孙即华，池子村民兵栾尚才，夜间奇袭伪警察所。孙即显、孙曙光首先冲到碉堡下，喊话让敌人交枪，如不交枪就炸掉碉堡，敌人都将枪扔出碉堡、举手投降。民兵没费一枪一弹，就攻克伪警察所，缴获步枪 12 支、手榴弹 100 余枚、子弹 100 余发、电话机一部，俘敌 11 名。

**莱芜战役望鲁山战斗** 1947 年 1 月，蒋介石制定鲁南会战计划，组织 31 万兵力，分南北两线攻击山东解放区。北线，李仙洲集团以 3 个军 9 个师兵力，由淄川、博山等地南下，妄图夹击华东野战军，陈毅、粟裕指挥华东野战军两个纵队在南线阻击敌人，主力秘密北上，于 2 月中旬将北路敌人突然包围在莱芜青石关、博山樵岭前境内。2 月 20 日拂晓前，华东野战军第八、九纵队各两个师埋伏于望鲁山南麓的普通、和庄村两侧山坡上，截击由博山、淄川南下的国民党部队 46 军、73 军。18 时，华东野战军发起总攻，战斗到 23 时，全歼普通村、和庄敌军，至 21 日拂晓，敌 77 师大部被歼，其残部向望鲁山突围时，被华东野战军截击。莱芜战役自 2 月 20 日开始到 23 日下午结束，全歼国民党两个军部 7 个师，共 5.6 万人，73 军军长韩浚被俘，77 师被全歼，少将师长田君健被华东野战军击毙于望鲁山下银锭沟。此次战斗是莱芜战役的组成部分，“73 军下莱芜——有去无回”成为樵岭前村一带人们的歇后语。2015 年 7 月 7 日，望鲁山战斗遗址被博山区政府公布为区级重点文物保护单位。

## 革命遗址

**大众日报印刷所旧址**　为躲避国民党军队突然袭击，1946 年春，大众日报印刷所迁至樵岭前村刘持敏家北屋，南屋作为印刷车间。主要设备用骡、马驮运。白天在老槐树下排版，晚上印刷。主要印刷报纸和宣传材料。几个月以后，由于战事告急，印刷所又迁至沂蒙山区的沂水。

大众日报印刷所旧址（2017 年）

**鲁中军区兵工厂修械所旧址**　1946 年春，鲁中军区修械所根据战时需要，迁至樵岭前村河北刘同金家东屋。主要修理轻重机枪、步枪的枪栓、撞针等配件。在修理枪械闲暇之余，有位年轻的战士用修枪的小工具在门扇上刻下“后勤

鲁中军区兵工厂修械所旧址（2017 年）

司令部”五个字。几个月后，形势开始危急，修械所又全部搬走，村中留有八号铁条、铁砧等沉重的物件。不久，国民党军队进村，挨家挨户搜查，当发现门扇上刻有“后勤司令部”五个字时，逼迫村民说出这五个字的来历和解放军去向，村民都闭口不说。

淄博特区战时邮局、博山县邮局旧址（2017 年）

**淄博特区战时邮局、博山县邮局旧址**

由于战时形势紧张，1945 年，淄博特区战时邮局迁至樵岭前村河南刘同伦家东屋营业。8 月，刘持瑞、刘同慎、刘持训三名青年参加了驻樵岭前淄博特区战时邮局工作，负责把信件、报刊送往博山、郭庄、源泉及周边地区。

李东鲁办公旧址（2018 年）

**李东鲁办公旧址** 1942 年 9 月至 1943 年 1 月，中共博山工委书记李东鲁先后 4 次进驻樵岭前村。他居住在孙即儒、刘同乾家，开展党的地下工作，与中共淄川县新二区区委书记陈伯平、区委委员孙曙光、村党员孙学孔、孙兆鸿等人秘密开会，恢复党的组织活动，发展党的新生力量，开展对敌斗争。

**战时隐蔽棚旧址** 1941 年，日伪军发动“9·18”大扫荡，经常采取突然袭击的办法，对二区干部进行反复搜捕，二区及县里的干部经常秘密潜入樵岭前村躲避。在遭敌包围袭击时，又经常到淋漓沟隐蔽。为确保区县干部的安全，村党支部秘密组织可靠的积极分子，天不亮就到淋

战时隐蔽棚旧址（2015 年） 刘新喜 提供

漓沟砍树、割草，在淋漓沟北涝洼和瓢片峪半山上，搭起两个能供 20 余人隐蔽的草棚，供区县干部和八路军伤病员及樵岭前村党员积极分子隐蔽。其间，共安全护送革命干部和伤病员 132 人次。

## 红色教育基地

为了继承革命先烈精神，教育后人，1988 年、2015 年，樵岭前村先后建起革命烈士纪念碑、红色旅游纪念馆。2015 年 12 月，樵岭前村被淄博市批准为红色革命教育基地。

**革命烈士纪念碑** 1986 年 3 月 1 日，村党支部、村委会研究决定，在原烈士祠的基础上建立樵岭前村革命烈士纪念碑。1987 年 7 月 1 日奠基，8 月 1 日开工，1988 年 8 月 1 日揭幕。2013 年进行了维修和扩建。

革命烈士纪念碑位于樵岭前村西，坐落在黄鹏山脚下，呈宝塔形。建筑面积 300 平方米，用 46 块花岗岩石料砌成，通高 9.35 米，正面碑心上镌刻着博山县抗日民主政府第一任县长张敬焘题写的“革命烈士纪念碑”，碑心下部正面镌刻着张元胜书写的“气壮山河”四个大字。背面镌刻着王颜山书写的 413 字的碑文。南北两面镌刻着炅如川书写的 20 名烈士姓名简介。

纪念碑建成后，成为博山区开展革命传统教育的重要场所和旅游者参观游览的重要景点。

1982 年济南军区领导看望博山老英雄

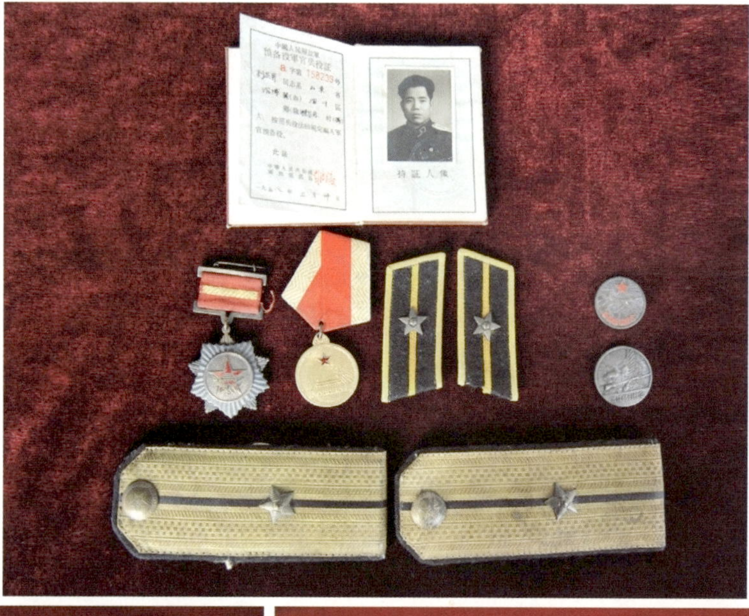

红色旅游纪念馆收藏物品

红色旅游纪念馆

**红色旅游纪念馆** 又称乡村记忆博物馆。樵岭前村是革命老区，具有光荣的革命传统和丰富的红色旅游资源。为弘扬红色文化，保存乡村记忆，2014年，村两委决定在村文化广场筹建红色旅游纪念馆。该馆第一期投资90多万元，于2015年9月1日开馆，总占地面积2000多平方米，布展面积600多平方米。共设五个部分：党史国史、抗日战争和解放战争、社会主义革命和社会主义建设及改革开放。馆内收藏物品达600多件，有明清年间的契约、文书，有抗日战争和解放战争时期的日军洋刀、刺刀、匕首、头盔、毛毯等战利品，有参加八路军、解放军的军功章、简章、奖章、领章、皮大衣等，有新中国成立后颁发的土地证和计划经济时期各种票证、农具、工具等物品。该馆落成后，丰富了樵岭前村旅游内涵，吸引了更多游客到村内参观，成为对青少年进行爱国主义革命传统教育的重要基地。

包粽子

# 旅游开发

1984年，樵岭前村利用得天独厚的自然资源，自力更生发展旅游业，先后开发溶洞、王母池、淋漓湖等景点。1985年向游人开放，当年参观旅游人数50万人次，旅游收入30万元。被山东省政府批准为全省五大风景名胜区之一。2002年5月，樵岭前被国家旅游局批准为国家重点风景名胜区。2006年，樵岭前风景名胜区被批准为国家AAA级旅游景区。2008年3月，樵岭前村被山东省旅游局评为“山东省旅游特色村”。2009年12月，樵岭前风景区被亚太旅游联合会、中华生态旅游促进会定为中国最佳休闲旅游目的地。

樵岭晨曦

樵岭前景区坐落在博山城西南 7.5 千米处的望鲁山脚下，主要景点有博山溶洞、王母池、淋漓湖、天星湖。博山溶洞已开发 1600 米，包括朝阳洞、李家洞，还有 1500 余米待开发。该洞为华北地区所罕见，有“北国第一洞天”之誉。王母池十里长溪，夏时飞瀑，冬时涓流，步移景异，被誉为“鲁中山水画廊”。淋漓湖建于 1976 年，是一座容水 143 万立方米的人工湖，在湖北的山坡上，有一片成宝塔形的宫殿，是新建的旅游度假村。天星湖建于 1996 年，该湖四面青山，气候宜人，堪称“避暑仙境”。望鲁山景点位于樵岭前村南 500 米处，海拔 727 米，该山雄伟壮观，是博山名山之一。另外，还有齐长城遗址、莱芜战役外围阻击战望鲁山战斗遗址等人文景观。

## 旅游景点

**博山溶洞**　位于樵岭前村东寨峪顶，该山拔地而起，气势雄伟，绝壁百尺，崖穴密布，岩鸽鹰隼盘旋其上。寨峪顶一带属禹王山断层，具有典型的喀斯特（熔岩）地貌特征。博山溶洞就在此山东侧山腰，因洞口转折向东，所以又称为“朝阳洞”。

溶洞大体呈南北走向，深达 1600 余米，洞内时高时低，洞中有洞，曲折幽邃，结构奇特。洞宽 10 米左右，最宽处 20 余米，最窄处仅容一人侧身方行，洞高一般 3 米左右，最高处达 50 余米，最低处须匍匐方可通过。

著名书法家费新我为博山溶洞题“北国第一洞天”（2012 年）

洞内遍布石钟乳、石笋、石柱，犬牙交错，玲珑剔透，气象万千。沿洞有四处大厅，每厅能容数百人。入洞300米处的第一厅，厅顶几十根钟乳，粗细不等，长短错落。有的像一棒石笙，有的似倒挂金钟，有的如黄龙腾飞，它们并排在一起又酷若一柄玉梳，地上的石笋形态各异，借着灯光遥遥望去，恰似数十个仙人步履翩翩，人称此景为“十八罗汉朝南海”。穿过第一厅，绕过一段曲折迷离的河内长廊，约在洞深 500 米处是第二厅。此厅一侧高而深，一条石柱拔地擎天，柱旁之石幔，似瀑布扬雪；另一侧矮而阔，六根石笋破土而出，酷似凉亭，人们取名“仙人亭”。另有如意池、长寿宫、迷宫、水晶宫等景观。越过仙人亭，翻过一段拱形小路，在洞深 700 米处有一开阔地带，是第三厅。此厅高达 20 余米，洞壁上有高 10 余米，宽 20 余米的石幔，石幔五彩缤纷，像

博山溶洞前留影（2019 年）

一幅天然壁画，画中山峦起伏，沟壑从横，林木隐现，雾色浓重。跨第三厅前行不远，便见一高约 1.5 米，直径 0.3 米的石笋，傲然卓立，宛若长寿星，长眉朗目，惟妙惟肖。在洞深 900 余米的第四厅内，石洞藏春，景色美不胜收。高达数十米的石幔洁白如玉，一泻而下，令人有“飞流直下三千尺，疑是银河落九天”之感。厅后有水一泓，清澈碧绿，名曰“仙女池”。池旁石笋密布，似琼花，若利剑，像玉树。整个大厅素练、碧水、琼花、玉树相映成趣，构成洞天府地的人间春色。

洞顶石隙中渗出的水珠滴落在石上，泠泠丁丁，旋律舒缓柔和。

在离洞尽头不远处，紧贴左壁上有一宽约 0.5 米，长约 2 米的洼地。洼地中有半池清水，水内水外有十几朵鸡蛋般大的石花，花呈乳白色，层层铺展，酷似朵朵含苞欲放的白莲。更奇特的是其中有几朵石莲，是由一根根 0.5 米长，细如丝的石线牵连，倒悬于水中，玲珑纤巧，显示出大自然的神奇造化。溶洞尽头，被一片高低错落的石笋、石钟乳挡住去路。溶洞中流水淙淙，空气清爽，酷暑有清幽之风，数九有温暖之气。

朝阳洞的山崖背后，在 30 多米高的悬崖中，有李家洞、连池洞。据《博山县志》载，李家洞曾是明末抗清义军李东岱屯兵存粮处。据传曾存兵千人，洞内碾磨犹存。连池洞又称粉洞，优雅清秀。洞口有崖宽广平滑，泉水从上流过，注入五个小池，李家洞与连池洞间，一条龙状钟乳从悬崖上直贯而下，高 30 多米，远望若游龙腾空，近观则一侧洁白如玉，一侧如漆如墨，形成奇观，人们因此称其为“天界”。

博山溶洞——鸳鸯楼

淋漓湖（2015 年）

**淋漓湖** 淋漓湖水库位于博山区山头镇樵岭前村西 2 千米处，是孝妇河、白杨河两大支流中最大的水库，1970—1976 年开工建设第一期工程，1993 年 9 月建成第二期工程，水库坝型为浆砌石重力坝，坝顶高程 433.4 米，最大坝高 43.9 米，坝顶长度 180 米，坝基防渗型式为混凝土防渗墙。溢洪道型式为坝顶溢流，底高程 429 米，底宽 10 米，最大泄量 90 立方米 / 秒。该水库设计洪水标准为 30 年，校核洪水标准为 200 年，实际为 200 年。

黑龙潭（2009 年）

王母池瀑布

该水库属小（1）水库，总库容 143 万立方米，兴利库容 106.1 万立方米，调洪库容 21 万立方米，校核洪水位 432.81 米，设计洪水位 431.72 米，死水位 410.40 米；校核洪水位时最大泄量 152 立方米 / 秒。

**王母池**　王母池位于樵岭前村南 500 米处，陡壁悬崖，怪石嶙峋。谷口处一道瀑布，四叠而下注入碧潭，尤其是雨后，巨大的水帘冲击崖底，拍石击水溅出万朵银花，搅散漫天玉屑，在骄阳的照射下现出一条条彩虹，声、色、形俱美，溢光流彩，绚丽动人。在瀑布左上方，7 块巨石叠立，高达 10 余米，远远看去，就像一个仙女在俯首凝思，人称“王母石”。传说古时候瑶池王母东巡泰山途经此地，见此处飞瀑流艳，青岩光洁，十分喜爱，便停下云车，步入潭中沐浴。后来人们将王母沐浴之处称为“王母池”，又在池旁半山处建起王母庙，古朴典雅。

王母池水库坝高 18 米，容水 8 万立方米，水域面积 1.5 万平方米。

王母石（2014 年）

**天星湖**　天星湖位于樵岭前村西南 1.5 千米处，该湖建于 1996 年，是樵岭前村修建的一处人工湖。因位于天星峪而得名。该湖地处深山，南西北三面环以青山。大坝位于东端，长 50 米，高 25 米，湖水面积 2 万平方米，总容量为 21 万立方米。湖中有船可供人划行。湖北岸借助山坡铺沙形成海滩景观，是一处良好的天然浴场。湖西密布树林，林下怪石嶙峋，溪水潺潺。林中间有三两茅舍，是村民开办的小吃店。夏日游天星湖倍感惬意，四面青山，一泓碧水，空气清新，凉爽宜人。

天星湖（2015 年）

望鲁山（2017 年）

**望鲁山** 望鲁山位于樵岭前村南 1.5 千米处，海拔 727 米，面积 640 公顷。千沟万壑，群山叠翠，有舍身崖、王母池、黑龙潭、望海石、齐长城遗址、天星湖等景点。望鲁山是国家级森林公园，环境幽静，空气清新湿润，气候凉爽宜人，夏日气温一般比外界平均低 4 ~ 5℃。植被覆盖率 95% 以上。漫山遍野灌木丛生，古木参天，绿荫蔽日，百鸟群集，鸣声悦耳，山泉叮咚，瀑布长流，各种奇花异草争芳斗艳，是一处旅游观光避暑的胜地。

## ◉ 规划开发

**旅游规划** 改革开放后，村两委决定结合资源优势，研究旅游规划，加强旅游产业的发展与开发。1987 年，制定《樵岭前村中长期旅游发展规划》。规划要求结合全村旅游实际情况，制定旅游规划，贯彻“大旅游、大发展”的思路，坚持以市场为导向，以效益为中心，以“谁投资谁受益”为原则，鼓励个体、私营、集体、国有、外资等

多种投资主体一起上，形成多元化的投资机制，突出全社会办旅游的特色。完善旅游资源设施建设，搞好旅游产品设计和旅游时空布局，把旅游作为发展全村集体经济的重要支柱。

1987 年旅游规划实地勘察

1987 年，委托淄博市园林处开始编制该风景名胜区的总体规划，1988 年召开了规划评议会。在此基础上，村两委继续吸取园林专家和社会各界的意见，又先后请省、市设计院帮助樵岭前村搞好规划设计，初步确定了整个樵岭前景区的规划布局，明确了以博山溶洞为核心，逐步形成“吃、住、游、购”综合服务一条龙风景区的目标。

1991 年 3 月，博山区建委委托上海同济大学城市规划系对该风景名胜区做全面的评价和规划。同济大学规划结论“博山溶洞风景名胜区”建议改称“樵岭前风景名胜区”。

1992 年 5 月，山东省建委邀请有关专家对景区规划进行评议。

**景区建设** 20 世纪 80 年代，村两委研究决定，利用当地自然资源优势，走改革开放之路，自力更生发展农民办旅游。1984 年冬开始，樵岭前村先后开发建成朝阳洞、王母池、淋漓湖景点。1985 年 5 月 1 日，景区正式对外开放。同年 9 月，樵岭前溶洞风景名胜区被山东省人民政府列入第一批省级风景区。

1984—1987 年，先后投资 220 万元，建起溶洞宾馆、王母池饭店、淋漓湖饭店和旅游商品服务部、摄影部、小卖部等。修建景区道路 5 千米，购买大客车 3 辆。

1988—1997 年，投入 1600 万元，建起革命烈士纪念碑、溶洞倚天阁、矿泉水厂、天星湖水库等多项旅游设施，购置游艇，建起旅游木屋。

1998—2018 年，投入 8200 万元，修建王母池水库、硬化旅游道路、增加旅游服务配套设施，建起红色旅游纪念馆，形成吃、住、游、购为一体的国家 AAA 级风景名胜区。

**宣传推介** 樵岭前村的青山绿水和秀丽风光，深受游人喜欢。20 世纪 80 年代初，以樵岭前为主要外景的电视连续剧《武松》《爱的铭碑》《女响马》等将樵岭前山水的美

景区建设（2015 年）

樵岭前森林公园

丽风光传播于世，引发了更多国内外人士对樵岭前的向往。

1985 年 5 月 1 日，樵岭前景区博山溶洞正式向游人开放，全国 40 多家新闻媒体报道了博山溶洞的消息。1985 年 5 月,《淄博日报》刊登《靠山吃山，兴办旅游业，省旅游局奖励 10 万元》的文章。1985 年 7 月,《光明日报》刊登樵岭前村农民办旅游的消息。1985 年 8 月，香港《明报》载文《山东省第一个农民自办的溶洞旅游点对游人开放》。1987 年 2 月,《中国旅游报》刊登《樵岭前村办旅游走上致富路》。1987 年 5 月,《大众日报》刊登文章《自力更生开发旅游业——记博山区樵岭前旅游点的开发》。1997 年“五一”国际劳动节，淋漓湖景区举行“博山山水风光游”开游仪式。2000 年，刘新永、焦方刚编著出版《北国第一洞天 鲁中山水画廊——樵岭前》一书。

## ◉ 旅游服务

**旅游线路** 博山溶洞—李家洞—天界—世外桃源—天演博物馆—倚天阁—旅游商品市场—农家乐（田园农庄）—对天亭—三叶虫化石群—参天亭—博莱日军战略公路遗址—北大顶日伪军炮楼—大寨顶炮楼—东炮楼遗址。

滨莱高速华东第一高桥—樵岭前大桥—红色旅游纪念馆—乡村记忆博物馆—抗日女英雄刘云程雕像—矿泉竹园。

南线：王母池—陈毅粟裕谭震林雕像—莱芜战役望鲁山阻击战遗址—齐长城桥门

倚天阁（2018年）

洞—梯子山—望鲁山北麓兵营遗址；望鲁山景区—鲁中山水画廊（王母池湖、孝妇河上游谷防工程遗址、王母池庙群、黑龙潭、天星湖）—山神庙—采摘园—托山公园。

北线：樵岭前革命烈士纪念碑—淋漓湖—望湖亭。

**旅游设施** 停车场。樵岭前景区有停车场4处。博山溶洞停车场建于1985年，占地面积8000多平方米，王母池停车场占地面积3000多平方米，天星湖停车场占地面积2000多平方米，淋漓湖景区停车场占地面积3000多平方米。

倚天阁。位于博山溶洞停车场南首，坐落于溶洞风景区境内，该工程自1993年开工兴建，至1995年竣工投入使用。总投资129万元，占地2600平方米，建筑面积2000平方米。该楼建筑风格独具匠心，仿古建筑之特色，造型庄重、色彩搭配和谐，设施配套，集吃、住、游乐、会议接待于一体。

**农家乐** 进入21世纪，樵岭前村在“全域旅游”的全新旅游模式带动下，结合乡村振兴工作部署要求，整合资源，按照做大做强旅游产业发展思路，以“渔樵耕读、山水之乐”为主题，结合“城里原乡”建设工作思路，推进乡村产业振兴，拓宽现有旅游

“农家乐”

产业，构建乡村农、旅产业融合发展体系，积极发展“农家乐”旅游项目，实现农旅产业融合乡村振兴发展策略，推进旅游富民工程。

根据景区规划和“古村落”自然布局特点，改造景区餐饮饭店及村内农家院落，打造特色“农家乐”樵家小院、老兵农家乐、田园山庄等20余户，装饰布置门楼、影壁，搭设瓜架、花墙，安置石桌、石凳、古朴休闲桌椅。院落充分体现古色古香古村落农家风格，内部按照星级宾馆标准设计装修，每户有标准间从几间至十几间不等，最多的可容纳80余人住宿、200余人就餐。特色餐饮有野菜宴、柴火鸡、野生鱼等，有的院落还可举办小型篝火晚会。农户院落绿化点缀，农家菜园、休闲健身广场、党史国史展馆、红色旅游纪念馆、乡村记忆博物馆建于村内，博山溶洞、王母池、天星湖、淋漓湖远山近景环绕村周。步入景区游览可领略溶洞奇观，赏湖光山色自然美景，大人垂钓休闲、儿童捉鱼嬉水。入住农家小院能近距离体验民风民俗、欣赏古村风貌。房前屋后瓜果飘香、蔬菜满园，游客可以与村民一起劳作、采摘，亲身体验住农家院、干农家活、吃农家饭的乐趣。

溶洞美景

# 风土民情

樵岭前村自古民风淳朴，民俗文化内容丰富，既有与其他地区相通的风俗和习惯，又有革命老区地方特色。改革开放后，思想观念不断更新，经济社会发生深刻变革，形成古今融合、富有时代和地方特色的民俗。

# ◉ 美食小吃

**柞萝叶粽子** 樵岭前村柞萝叶粽子远近闻名。该村有得天独厚的自然资源，有包粽子的三大特产：柞萝叶、红枣、黄花苗子。每年的端午节，村民都用山上采的柞萝叶、黄花苗子、自家晾晒或炕干的红枣，用东北产的江米包柞萝叶粽子。20 世纪 80 年代前，原料则多为“黏秫秫”或大黄米做原料，后来改用大黄米、糯米。包粽子首先备好料，淘好米，洗净叶子、红枣、捆扎苗子，用大黄米或糯米包出的粽子品种多样，有长方形、三角形，有正面三角形（金字塔）后面隆起一个尖角，壮如锥子。粽子不能捆扎太紧或太松，适可而止。煮粽子一定要水开以后才放粽子，水要浸过粽面，待水滚起后再用大火煮 3 个小时即可。在煮粽过程中不能添生水，煮好后趁热取出。打开叶子粽香喷鼻，黏而不粘。

粽子

**豆腐箱** 豆腐箱是樵岭前一带的地方名吃，村民在选料上尤为讲究，必须用矿泉水或山泉水做出的浆豆腐。制作方法一般是将豆腐切成约 4 ~ 5 厘米的长方块，先用花生油炸成金黄色，取出晾透，从一侧面切开勿断与另一面相连形成箱盖，再将豆腐瓤挖出成为箱形，装上荤馅或素馅，填实后用淀粉粘口，装盘摆成塔形，上笼蒸透后加上海米、木耳、水笋、醋盐等色芡，烧成酸咸适口的汤汁，撒上韭黄或蒜黄末，浇在豆腐箱上即成。

豆腐箱

**酥鱼锅** 酥鱼锅也简称酥锅，是博山民间传统名吃，在樵岭前村民中较为流行。其特点是鱼酥、肉烂，香酥可口。一大锅酥鱼菜，能吃较长的时间，故有人又叫它“懒老婆菜”。具体做法是用一只大砂锅，先在锅底铺上一层肋条骨，然后将鱼、肉、菜等分别一层层排到锅沿，然后用大白菜像摺子一样围成一圈，再将各种菜如前一层层排上，约半尺多高，用绳将菜帮扎牢，最后加上配好的酥锅汤，先用急火煮开，再用慢火�章汤，汤多时撇出备用，汤少时再续汤，五六小时后汤尽菜烂熟透，冷却后即可食用。

博山酥鱼锅

菜煎饼

**菜煎饼** 菜煎饼是博山民间传统名小吃之一，樵岭前村民多喜食菜煎饼。菜煎饼的制法简单方便，主要工序是拌馅和烧烙。一般大都用豆腐、粉条、虾皮、韭菜或葱，用花生油或大油炒熟，然后把煎饼揭开成扇形，均匀摊馅再搭成三角形，先放在平底锅或小鏊子上加点油，两面各烙一遍，然后再折叠为长方形，在锅内加油将两面烙成金黄色即成。菜煎饼的特点是内软外脆，菜香扑鼻，是一种饭菜合一的经济饭食。

## ◉ 土特名产

**板栗** 樵岭前板栗种植区域分布村庄附近的王母池河流域、淋漓沟流域。远离城市和工业，空气、土壤、水质、原始状态良好，无污染。特定的气候、土壤、水源等自然条件，非常适合板栗生长，造就了樵岭前板栗特有的品质。村内有 200 ~ 300 年树龄的板栗树。

板栗

**山楂** 樵岭前山楂含有丰富的营养成分和生物活性物质，樵岭前村种植山楂品种主要有大金星、小金星等。2018 年，全村有山楂树 4300 余株，年产山楂 1 万千克。村内山楂树多种植在山坡地及房前屋后。树冠整齐，枝叶繁茂，容易栽培，病虫害少，花果鲜美可爱。花期 5—6 月，果期 9—10 月。花白色，有独特气味。

山楂

## ◉ 岁时节俗

**春节** 农历正月初一，俗称过年，是一年中村民最隆重的节日。腊月下旬开始，家家户户都要忙年，筹备年货。农历腊月二十三（俗称小年），家家白天打扫卫生，傍晚“辞灶”（意谓送灶王爷），并要推碾倒磨，蒸馍馍、摊煎饼、贴喜字、挂福字。腊月三十是除夕，家家都要供奉祖先家堂或牌位，下午到村口或路口请祖先回家过年，名曰“请家前”，并摆供品请财神，查阅当年的财神方位，就朝那个方位请，请来后共进年夜饭。家家户户上供品、烧香、焚纸、磕头礼拜、燃放鞭炮。祭完于晚饭后送走，俗称“送家前”。农历正月初一凌晨，着新衣到本族各家向长辈拜年。全天邻人互相串门、拜年，相互祝福“过年好”。正月初二，开始走亲串友。20 世纪 90 年代起，除夕夜村民多与电视晚会相伴，亲朋好友多用电话或短信拜年。随着生活物品的丰富多样和城乡超市

20 世纪 70 年代樵岭前村民春节走亲戚

的建立完善，人们在节前集中置办年货的习惯也有了很大的改变，大多是现吃现买，即新鲜又实惠。

**元宵节** 正月十五是元宵节。作为春节的延续，当日，村民烧香焚纸，依然放烟花爆竹，吃水饺、吃元宵、祭奠祖先，收起牌位家堂。

**二月二龙抬头** 当地称二月二螃蟹散湾，指下蛰动物开始活动，天气渐暖。当天炒豆子吃，称为炒蝎豆，意为用炒蝎豆的声音惊龙抬头，以期盼早降春雨，风调雨顺。当天开始下雨时有雷电，称开龙门，因而旧时樵岭前及邻近各村有玩龙灯的习俗。

**三月三王母池庙会** 村民和邻近各村民众都到樵岭前王母池烧香焚纸，摆供品，祈求王母保佑风调雨顺，家家平安，财源广进。

**清明节** 节前两天称“一百五”，意为从冬至到当天是 105 天。樵岭前村家家户户到祖茔添土。节前一天称“寒食”，因禁烟火、食冷食而得名，如今冷食习俗已废，当天上坟祭祖。清明节当天既是节气也是节日，俗话说“寒食旮旯耩高粱”，村民尤其年轻人有打秋千、郊游、踏青、放风筝的习俗。

**端午节** 农历五月初五，村民吃粽子，大门上插艾条、桃枝以辟邪，儿童手足系五彩线、带香荷包，并以雄黄酒涂擦小儿手足、耳目、口鼻以辟蛇、蝎、蜈蚣等。

**中元节** 农历七月十五，祭祀五谷神后稷并请祖先相陪。白天拔取五谷各一棵扎成一束，挂于门前或置供桌一侧，请后稷及祖先前来赴宴、观赏庄稼长势情况，晚饭祭祀后送走，将五谷扔到大门顶上，求神和祖先保佑五谷丰登，不请祖先者则上坟。新中国

王母池庙会（2017 年）

成立后，祭祀五谷神后稷之俗渐废，祭祖尚存。

**中秋节** 农历八月十五，家家户户购置酒水、月饼、瓜果，于月亮升起时祭月，祭毕全家饮酒赏月，过团圆节，当天大多数人携带礼品看望岳父岳母。

**腊八节** 农历腊月初八俗称腊八节，村民习惯吃腊八糕和腊八粥，由黏米和红枣、红小豆、花生等多种食品混合做成。俗称“腊七腊八冻煞叫花”，指天气开始进入最冷的时候。

## ◉ 民间礼仪

**婚嫁** 新中国成立前，樵岭前村民男女婚姻多为包办。新中国成立后，废除封建婚姻制度，实行婚姻自由。男女双方相识大都经媒人介绍，少数自由恋爱。双方相处一段时间后无意见，则征得各自家长的同意，由介绍人联络双方择日定亲。定亲之日，一般由介绍人陪同女方及其家人和近亲属到男方家，双方家人确定儿女婚事，并举行喜宴，男方给女方见面礼作为定亲礼金。结婚前由男方请先生择吉日，定结婚日期等事宜。结婚前数日即约近族磋商结婚事宜。婚前 2 天在大门、各房门张贴对联，显眼处贴大红双喜字，翌日（多择双日）男方把女方的嫁妆搬回家，俗称“搬缘房”。同日亲朋好友送喜帐、喜资祝贺。旧时娶亲坐花轿或毛驴，20 世纪 80 年代后则以乘轿车为主，新娘乘坐的轿车需要扎彩。娶亲时间由原来夜间改为拂晓前。婚礼一般在早上 6 ~ 7 点举行。结婚典礼大体程序为放鞭炮礼花、奏乐、宣布典礼开始、证婚人讲话、新郎新娘向主婚人、证婚人和来宾行鞠躬礼、双方家长相互送新郎新娘礼金并予以嘱托。典礼礼毕，新娘入洞房。燃放鞭炮，门口置火盆与马鞍，取“马上来、轿上去”的意思，寓意日子红火、平安是福。

**丧葬** 樵岭前村民旧时观念厚葬为孝。人死后子女守护送终，为其穿寿衣，清洁面容，置堂屋明间灵床上，覆盖白纸，全家恸哭，儿女戴孝，在灵床前设供桌摆供品、长明灯、香火不断，近服者，着白衣冠，长子蹬拖鞋，大门贴白纸条放白帆一杆或用秫秸挑放连接的长条黄表纸为长钱，放倒头马，以示有人亡故。一般人亡后要入棺（称入殓），殓时至亲必在场，其葬礼较繁。出殡时，由长子面向西，登高指路。然后将起灵碗打碎，至眷至亲送到墓地，随后落棺成坟。丧后，为死者上“五七”“百日”坟，届时携祭品、纸柜、摇钱树、纸金银山等，于墓前稍作祭奠仪式后焚掉。20 世纪 70 年代初期，丧葬推行火化，土葬基本废除。改革开放后，随着时代进步，在丧葬方面有较大改革，丧事从简，厉行节约，各族间成立理事会，将原来穿白衣、拄哀杖，戴棉花、收头、戴相帽等旧俗一一免除。2016 年 11 月，樵岭前村成立红白理事会，规定丧事新办，诸事从简。

**生育** 二十世纪七八十年代前，村中孕妇多在家中请老娘婆（接生婆）接生。随着计划生育政策的贯彻落实，孕妇多到医院生产，村民重男轻女、多子多福的旧观念得到逐渐改变。产前娘家母亲或嫂子带着红糖、鸡蛋、挂面前去看望，谓之“催外甥”，产后婆家人到娘家报喜。孩子 6 天或 8 天时，娘家人携米、面、鸡蛋、红糖、婴儿衣物看望母子，称“送米”。待一月后，女方可带孩子到娘家住“满月”，到百天时可举行宴请仪式，统称过“百岁”。亲朋好友前来祝贺。

**寿庆** 村中老人年逾花甲一般都要过生日。每逢生日，子女或亲朋好友前往祝贺，谓之“祝寿”。20 世纪 60 年代，祝寿礼仪比较简单。20 世纪 80 年代，随着人们生活水平的不断提高，70 岁以上老人的祝寿仪式趋于隆重。而后，祝寿形式逐渐多样化，有的家庭到酒店设宴祝寿，有的为老人摄影、录像以示留念，还有的带老人外出观光、旅游等。

**社交** 樵岭前村村民历来重视交往礼节。清代，行跪拜作揖之礼。民国时期禁行跪拜礼，改行鞠躬礼。新中国成立后，人们一般的交往为握手、点头致意和鞠躬等。遇春节、吊唁、祭祀等特殊场合行跪拜礼。迎送客人基本相沿传统做法。客人到后，起身至大门外相迎，主动握手问好，并接过客人的礼物，让客人先行。进屋后让客人上座，一般按年龄、辈分排座。20 世纪 90 年代后，在酒店待客按照主宾、副主宾或主陪、副主陪的新排法依序而座。日常生活中也很有讲究，路遇亲人、熟人，打招呼或问候，若骑车相逢要下车致意，握手时要摘下手套，讲话时要摘下口罩。有求于人或询问事情，常先说“请问”“劳驾”等语，受助于人时常说“谢谢”“劳驾您了”“麻烦您了”，无意中冒犯和影响他人常说“对不起”“请原谅”“不好意思”以示歉意。

**禁忌** 境内村民以男婚女嫁、生儿育女、祝贺寿诞、新春佳节、构建新房、乔迁新居、店铺开业、升职升学等为喜庆事。喜庆之际，忌讳甚多，有迷信色彩亦有美好的向往。凡喜庆事，普遍忌白色，以红为上；忌与喜庆气氛相悖的言行；忌单日，多选双日。婚嫁时缝制婚用被褥和送女客（指送客）多请“全和人”（指有儿有女、丈夫健全的妇女）。妇女产后未及满月忌到邻舍串门，婴儿取名忌与长辈同音。晚辈给老人祝寿，一经开寿最忌中途停止，俗为“不做断头生日”；二月二龙抬头，忌煎炒，俗话说“煎炒会烙着龙爪子”。日常生活中也有不少忌讳，如农历初一、十五及下午不看病人。农家出豆腐，忌生人进入。饭碗忌插筷子，吃饭时禁用筷子敲碗。请客吃饭，斟酒忌浅，倒茶忌满，且不得将茶壶嘴朝着对方。同席就餐，盘中鱼吃完一面，再吃另一面时应说“正过来”，不能说“反过来”。过年煮水饺，煮破了皮，只能说“挣开了”，说“破了”为不吉利。古稀老人年龄忌说七十三、八十四。活到一百岁只说九十九。探望病人回避下午，借人药锅忌送还，借人水桶不得空送。衣服破了或掉了扣子，忌穿在身上缝补，女人与小孩的衣裤不能在露天过夜。子女在服孝期，忌穿红戴绿，只能穿白、黑、灰等色的服装。

# ◉ 方言土语

## 方言

### 时间节令自然科学类

年除：除夕

五马日：农历正月初五

明日：指明天

头晌午：上午

大尽：农历三十日，一个月的月份

半晌不乏：指不早不晚　上午或下午的中午时段

一霎霎：很短的时间

打刮拉：霹雳

雾露：雾霾

上冻：结冰

冻冻：冰块

泥窝：泥泞　泥地

蒙星：寒星细雨

麻杆雨：细而密的雨点

风确连：预兆刮大风的日月晕

阴确连：预兆下大雨的日月晕

打五雷轰：雷电霹雳。用于赌咒或者骂人、咒人

大年下：春节期间

今门：指今天

寒食：清明节

下半晌：下午

小尽：农历二十九日，一个月的月份

后晌：晚上

半夜三更：夜间零时前后

鲁苏明：天刚蒙蒙亮

临麻眨眼：指天临黑的时候

早晨：明天

后日：后天

大后日：大后天

前日：前天

大前日：大前天

多咱：什么时候

将才：刚才

不容过：没有时间

老时节：指较长一段时间

日头：太阳

才待：正要打算

贼星：流星

一半天：一天或几天

绛：彩虹

**衣食　起居社会生活类**

围脖：围巾

兜兜：兜肚儿

棉条：被单　褥单

扎腰带：腰带

豆枕：枕头

铺衬：碎布

天井：院子

祁拉：碎布条

影背墙：影壁

馍馍：馒头

明间：外间屋

下包子：饺子

夹古道：两墙之间的窄道

面旗：菱形面叶

阳沟：墙下留的排水口

糊肚：粥

门提角：大门下面的闸板

馉渣：面疙瘩

渣豆腐：用菜和豆面做的小豆腐

天地：屋内地面

连浆：用酸浆点做的粥

根脚：用石块砌的墙基

虚棚：用纸品或木制扎制的隔断

瓮：缸庄户人家用来盛水、盛粮

干粮：熟制食品

窠螺头：用来烧饭、取暖的灶

引子：发面酵母

酒素子：用来盛酒的锡壶

呼浓：蒜泥散发的气味

箔幛：篱笆墙

寨门：篱笆状的门

风先：风箱

柱子：擀面杖

栏：厕所　牲畜圈

拐棒：手杖

交叉：马扎

饭屋：厨房

蒲毯：圆坐垫

兜着：折起衣襟盛物

鏊子：烙饼或摊煎饼用的铁制炊具

提留着：提着

煎饼耙子：摊煎饼的用具

扎裹：打扮　修缮

筲：水桶

炕沿：炕边

撮：双手往上托

旮旯：角落

柴火：草木燃料

剞：用筷子夹东西

电棒子：手电筒

磨悠：旋转移动物品

炭：煤

打泼：禅去衣服上的尘屑

打滴溜：手握高处物体，身体离地下垂

人物 动作行为类

撇：扔 放

锅腰：驼背

点划：用手指指点人

搭拉：下垂

歪快：侧身卧

不管由：不妨碍 不顶用

谋量着：估计

挂挂着：惦念牵挂

跐着：踩着

摆衣裳：洗衣裳

收收：藏起来

古初着：身体蜷缩

心思：默想思考

凿磨：思考

踹：脚底向外踢

打价：讨价、还价

卷：踢

掉向：迷失方向

把查：抚养、喂养

祝送：暗中送人钱物

将猪：母猪生猪崽

胡摆摆：乱处置、胡乱指手画脚

欢起：笑 高兴 欢喜

吃烟：吸烟

嘎和：团结 约和在一起

草鸡：耍赖 撑不住

好生着：小心谨慎

洗光腚：洗澡

啊吃：打喷嚏

夹拿着：腋下夹物

轱嘚：蹲下

仰嘎着：仰卧

遇磨：行动拖拉缓慢

驱拉：脚贴地皮移动物品

糊贴：贴近 依靠

战战：发抖

卡出去：倒出去

黵：弄脏

押了：倒了

搐打：抽打

淇干：用体温把湿衣服烘干

过睬：注意、看见

把骨碌：摔跤

拧磨：不安稳、不停地动

操扯：筹办

噘：骂

孝春：孝顺

藏模掩实：捉迷臧

看相着：看着办、惦量着

坐席：赴宴会

跑栏：腹泻

赯受：继承

圆成：劝说 促成

上坡：下地

让付：忍让　让步

打谱：计划　想办法

短道：劫路

拾孩子：生孩子

生：出生

打旁连：侧手翻

叭瞎话：说谎话　造谣

拥倒：推到

计留着：节约

宜量：适宜　适合

波拉盖：膝盖

临实北家：邻居

抓地：刨地

咋呼：胡乱喊叫

找事：挑起事端

掏还：借

烦气：烦恼

吱外：话多　说的不恰当

虚和：不实　夸大

串钱：把整钱换成零钱

顾拉：沾

戳轰：忽悠

三本：汉奸

老害（音）：老头

**动植物类名称**

檐蝙胡：蝙蝠

蚁蛘：蚂蚁

臭大：椿象

锁么架：一种用毛蜇人的虫子

脖过：鸽子

密虫：蚜虫

臊打木：啄木鸟

曲蟮：蚯蚓

草鞋底：百足虫

麻扎菜：马齿苋

秆草：谷子的秸秆

秫秸：高粱秸

棒锤骨头：剥去玉米的穗芯

棒锤缨：玉米须

地瓜皮：山上野生小木耳

黄花菜：金针菜

巴拉由：蜗牛

咬乖：蝈蝈

豆虫：豆天娥的幼虫

也瞧：喜鹊

马虎：狼

子泥狗：泥鳅

土哲：蟋蟀

老雕：体形较大的鹰类猛禽

秫秫：高粱

地蛋：土豆

槐当郎：国槐的果实

洋柿：西红柿

扫帚菜：地肤

灰菜：藜

青青菜：小蓟和大蓟

婆婆丁：蒲公英

果子：花生

棒棰：玉米

朝阳花：向日葵

抱谷：布谷鸟

梢泉猴：蝉

裹档榔：高粱秸芯

**农事农作物类表　计量单位及其他类**

一页子：一倍

棒棰子：玉米

一拃：拇指与中指展开的长度

刚着货：很多

一嘎啦：一圈

半别：半个　一半

当门间：中间

光：经常

掐：双手合时的量

腚后头：身后

面得：性情温和

头直上：人睡觉头在的一端

近面：距离近

缕徐着：慢慢　逐渐的

土卡拉：土坎

喧和：柔软

期凉：地上不湿

湿乎拉塌：潮湿

泥窝扑叉：泥泞难行

嘻溜哈乎：不认真　不投入

扬风炸毛：行为轻浮

哩溜歪斜：东倒西歪不正

傻儿呱叽：傻乎乎的

稀布棱登：稀疏不均的样子

鬼儿嘎迹：要小心眼　不诚实

哈哈达达：不在乎不计较

燎渣灰：炉灰

**谚语**

**农事谚语**

春争日夏争时，万事宜早不宜迟，人误地一时，地误人一年。

春打六九头，花子也不愁（丰收年）。

春打五九尾，花子（讨饭的）跑断腿（歉收年）。

七九六十三，路上行人把衣单。

该冷不冷不成年景，该热不热五谷不结。

麦子割不倒，棉袄离不了。

雁上南，衣裳棉；雁上北，衣裳拆。

牛马羊年好种田，防备以后鸡猴年。

春雨贵如油，不让一滴流。

刮下春风下秋雨。

惊蛰刮风百日旱，惊蛰有风旱到麦冬。

桃三杏四梨五年，枣树当年就卖钱。

麦怕三月胎里旱，棉怕八月连阴天。

蚕老一时，麦熟一晌。

麦倒一把草，谷倒一把糠。

四月里芒种麦在前，五月里芒种麦在后。

三麦不如一秋长，三秋不如一麦忙。

谷子上垛麦进仓，豆子扛到肩膀上（丰收到来）。

一翻二不收，三番立了秋（太晚）。

交了六月节，龙王不得歇。

有钱难买五月旱，六月连阴吃饱饭。

锄头有三宝，治旱治涝又治草。

三分种七分管，十分收成才保险。

庄稼不施粪，不如瞎胡混。

人哄地皮，地哄肚皮。

早怕旱晚怕淹，当中就怕连阴天。

头伏（种）萝卜，末伏（种）荞麦。

六月六看谷（秀）穗，七月七割谷吃。

立秋不立秋，六月二十头。

立了秋，哪里有雨哪里吃。

立秋十八天，寸草也结种。

七月十五红鼻枣，八月十五呱打了（收枣）。

处暑十日无生谷（成熟）。

旱枣涝栗，不旱不涝收柿。

七月核桃八月梨，九月柿子乱赶集。

白露早寒露迟，秋分种麦正当时。

小雪雪满天，来年必丰年。

大雪不封冻，不过三两日（冰冻持续）。

腊七腊八冻煞叫花（寒冷至极）。

打发灶王爷上天。

大寒小寒拾掇拾掇过年。

春风兆秋雨，瑞雪兆丰年。

秋上弯弯腰，强似冬天走一遭。

吃了不疼，瞎了疼。

饱备干粮晴备伞，丰收也要防歉年。

**气象谚语**

冷雨热雪，雪后寒霜后暖。

早晨雾露当日晴，后晌雾露等不到明。

大雾不过三，过三没好天（雨）。

不怕初一阴，就怕初二下（连阴）。

开门风，闭门雨。

清晨烧（烧云），后晌浇（下雨）。

今晚太阳倒照，明日晒得猫叫。

云彩向北一阵黑，云彩向南水涟涟。

东虹云彩西虹雨，出了南虹下涝雨。

旱了东北不下雨，涝了东北不晴天。

望鲁山戴帽，短工睡觉（雨兆）。

先下雨毛不下雨，后下雨毛不晴天。

鱼鳞云晒死人，茄子云下满盆。

风倒八遍，不用掐算（有雨）。

六月北风当日雨，好像亲娘叫闺女。

旱了伏头涝了伏尾，秋后必定多雨水。

头伏有雨二伏旱，三伏有雨吃饱饭。

春刮东南夏刮北，秋刮西南到不了黑（雨）。

鱼翻湾要变天，鱼打漂雨来到。

烟不出门，大雨倾盆。

淋漓湖环山路

## 歇后语

凤凰山上落凤凰——名副其实

凤凰头上戴牡丹——美上加美

老鼠拉木锨——大头在后头

烟袋头子——敲货

两亲家拉呱——拣好听的说

山神爷数蚁蛘——玩细工夫

卖豆腐张骨碌——不知摸哪块好

扳倒树摸老鸹——玩牢把的

一锛砍到墨——不留余地

长虫戴帽垫——好出条小伙

光棍汉哭丈母娘——没那回事

怀里揣冻冻（冰块）——寒了心

玩藏掖下了跪——没咒了或没法了

盲人骑马——乱闯

抬木头不叫抬木头——叫抬杠

猫不吃鱼——假正经

骑着驴找驴——昏头昏脑

赶集来晚了——净事（指挑毛病多）

墙上画饼——只中看不中吃

懒老婆上轿——愿上不愿下

屎壳郎跟花蝴蝶飞——夸俊

长虫钻到竹竿里——回不过脖来

黄连树下弹琴——苦中作乐

切菜刀剃头——硬撑（蛮干）

一吊钱抹二百——单叫人看出来

土地爷放屁——好大神气

老母鸡吃蛴螬——自找的

瞎子戴眼镜——多余

枣木疙瘩——不开窍

十五人聊天——七嘴八舌

吃柿转拣软和摸——欺负老实人

马尾栓豆腐——提不起来

关上门起年号——捂造谣言

家雀脱生燕蝙虎—— 一辈不如一辈

灶王爷上天——有啥说啥

雨后送伞——来迟了

花生米不叫花生米——果子仁

下雨不打伞——淋着咱（轮着咱）

老母猪去赶集——里外一身皮（没衣服）

八尺布扯到两下——四尺（死吃）一块

背着算盘串街——找账（仗）打

袜筒虱子——啥时也上不了头里

花椒皮熬粥——麻烦（饭）

狗头上长角——羊（洋）相

八月十五糗糕——趁早（枣）

豆虫尾巴——自撅（觉）着

西北风带蒺藜——连讽带刺

腊八日要饭吃——想糕（高）门

眼皮上挂钥匙——开了眼

阴天竖直立——没形

揪着胡子过河——牵须（谦虚）过渡

神头鸭子——出去就是一天

锅腰上树——钱上紧

**民谣**

小叭狗

小叭狗，戴铃铛，“钢郎，钢郎”到集上，买菠菜，买白菜，钢郎，钢郎再回来。

## 长尾巴郎

长尾巴郎，尾巴长，娶了媳妇忘了娘，把娘背到山沟里，媳妇背到炕头上，擀油饼，熬鸡汤，媳妇媳妇你先尝。你吃肉，我哈汤，再去山沟背咱娘。

## 送军粮

推起小车吱吱响，推着军粮上前方。主力部队打胜仗，后方百姓多帮忙。送军粮，上前方，不怕道路万里长。哪怕雨淋风雪狂，为的救国保家乡。

## 八路军独立营

八路军来独立营，谁参加来谁光荣，骑着马，披着红，你看光荣不光荣。

## 儿童团

儿童团红缨枪，走起路来气昂昂，站岗放哨我来干，鬼子汉奸遭了殃。

东旮旯秧，西旮旯秧，谁家的小狗哈了俺那喂狗汤？一担筐，两担筐，多暂到了那王家庄。王家庄，那老狗，汪哧汪哧咬两口。俺也不吃王大娘那饭，俺也不哈王大娘那水，大娘大娘给俺一个花里狗。

勾勾喽，打鸣了。王大娘家蒸棋流（一种面食）。蒸大了，猫拉（叼）了。蒸小了，猫咬了。猫来呢？上山了。山来呢？雪帔了。雪来呢？化了水。水来呢？活了泥。泥来呢？拓了坯。坯来呢？垒了墙。墙来呢？猪拱了。猪来呢？扒了皮。皮来呢？糊了鼓。鼓来呢？嘣噔嘣噔敲烂了。

小杌扎，一崴快，秫秫面子包韭菜。爹吃了，去赶集，娘吃了，去编席，小孩吃了去和泥。

小牛犊，跑得快，抹抹桌子摆上菜。你一盅，我一盅，咱俩喝了拜弟兄。你一碗，我一碗，咱俩喝得红了脸。你一瓮，我一瓮，咱俩喝得红了腚。

# 村民生活

新中国成立前，樵岭前村村民生活困苦。新中国成立后，人民翻身当家作主，农业生产逐步恢复和发展，村民生活趋于稳定。改革开放后，樵岭前村开始发展村办工业，开发旅游业，人民生活水平快速提高，城乡差别逐步缩小，樵岭前村村民收入水平不断提高，文化、教育、娱乐、社交、旅游等支出比重不断增加。

# ◉ 收入与支出

**就业** 樵岭前村地处禹王山断裂带，地下有丰富的铁、蛭石、重晶石、花岗岩、白银岩、矿泉水等矿产资源，但至新中国成立前，一直未能开发。有些村民为了谋生，到济宁、临沂、昌邑等地做布匹、丝绸、棉麻、陶瓷生意，多数村民在村务农，兼做木匠、铁匠、石匠，有的村民烧木炭、养柞蚕、放羊、打长工、打短工、抽丝、织布、做驼队贸易等。

1958 年 10 月，成立人民公社后大队先后办起林业队、副业队、酒厂、条编等副业。全大队安排劳力 160 多人，占全村总劳力的 32%。1962 年，人民公社管理体制改革，全大队 244 户、1011 口人，核算单位下放。樵岭前大队 8 个生产队利用自然资源优势，先后办起电磨加工、条编、木器加工、粉房、豆腐房、煎饼房、酱菜厂等。村民在不脱离农业生产的前提下，从事一些集体工副业生产，部分村民被分配到社办副业上班。除农忙时期短时间回生产队参加农业生产，社员大部分时间从事副业生产。

1978 年，樵岭前村走上改革开放之路。实行家庭联产承包责任制后，有的村民开始从事印刷业、机械加工、日用化工、电工电器、建筑队、运输队等行业。全村安排劳动力 220 人，村民收入有了明显提高。20 世纪 80 年代后期，村内已有蛭石、机械、门窗、锻造、化工、木器加工、印刷等 13 家村办企业。1998 年，樵岭前村有劳动力 750 人，从事农、林、木、副工作 550 人；从事商业饮食运输工作 120 人，从事文化教育卫生工作 80 人。

1999 年，村内民营企业加快发展，先后有 28 家印刷、包装、14 家保温、机械加工、门窗制作、电工电器的民营企业成立，樵岭前村的劳动力逐步由农业转移到个体私营工商业中。至 2018 年，个体私营企业迅速发展，全村

乐疃公社樵岭前第一生产队全体社员 1965 年国庆节合影留念

安排就业劳力780人，多数在私营企业上班，占全村总劳力85%以上。

**收入** 明清至民国时期，村民的主要收入以种植业为主，有的靠放养柞蚕、烧木炭、驼队运输、抽丝、织布为主要经济来源。村民自种田较少，大多数农户靠租田耕种，每年秋后须缴纳种粮。歉收年成，缴了租粮和田赋，所剩无几。至新中国成立前，村民靠山吃山，多数村民在家种田。有的村民兼做木工等，有的村民办银楼、抽丝织布、做豆腐、生产粉皮粉条作为主要收入来源。村内除少数富余户外，多数村民当长工、打短工糊口度日。

新中国成立初期，村民分到土地，以农业为主，自种自收，收入明显提高，外出讨饭的现象绝迹。1953—1956年，先后成立互助组、初级社、高级社，实行按劳分配，评工计分。

1958年，人民公社成立，生活实行供给制，平均分配。“大跃进”时期，社员到大队食堂免费就餐，基本没有现金分配。后三年困难时期，农业减产，社员口粮严重不足，吃树叶、吃树皮充饥，半年糠菜半年粮。

1962年，落实中央政策，实行“三级所有、队为基础”，扩大生产队自主权，分给社员少量自留地。同时，国家减少粮食统购任务，社员生活开始好转。1962年，樵岭前大队244户，1011口人。粮食总产量174206千克，人均口粮160千克，其中小麦35千克，秋粮125千克，人均分配70.54元。

1978年，全村328户，1314口人。平均工值2.3元。村民分配合计金额171526元，人均分配199元。

凯歌牌电视机送机下乡（1982年）

1984年，落实家庭联产承包责任制，村民生产积极性提高，粮食产量逐年增加，村民收入逐步提高。进入20世纪90年代，随着社会主义市场经济体制逐步确立，村民从事个体工商经营户增加，工资收入和个体经营收入在总收入中的比例越来越高，粮食收入在总收入比例中越来越低。

1999 年后，樵岭前村进入快速发展阶段。村两委积极鼓励支持个体私营企业，大力发展第三产业，在增加村民收入的同时，壮大集体经济，村民收入及福利逐年提高。至 2018 年，全村总收入 2.37 亿元，村民人均纯收入 21000 元。

**支出** 新中国成立初期，由于收入水平低，樵岭前村民的消费支出集中于饮食，食物支出占比最大，衣物穿着以各家自己缝制为主。随着农业生产水平的提高和村民经济收入的增加，村民的消费支出开始发生变化，二十世纪六七十年代起，村民的衣物穿着支出开始增加。个别村民开始购置自行车作为交通工具。70 年代起，部分村民开始自建住房，购置摩托车等交通工具。

改革开放以后，随着村内旅游业和各类企业的兴办，樵岭前村民消费支出水平不断提高，消费支出结构进一步优化，消费支出不单纯是为了维持生存，文化、娱乐、教育、社交、通信、消费都占有一定比例。1999 年，在村民消费支出中，饮食占 9%，用品用具占 7%，住房占 35%，服饰占 5%，交通占 18%，文化、教育、娱乐占 10%，医疗保健占 11%，通信占 5%。2000 年前后，村民开始购置小汽车作为交通工具，有的村民到城里购买商品房。至 2018 年，村民的消费支出结构中，住房、教育、交通、医疗保健、文化娱乐等大类占比较大，衣食等日常支出占比较小。

## ◉ 衣食住行

**服饰** 服装。解放前，樵岭前村村民穿着的衣物都是手工缝制，布料是棉花纺成线织成的粗布。织出的白布用颜料染成蓝色或青色。多数村民一衣多用，衣服破了打上补丁缝缝补补接着穿。

20 世纪 60 年代，机织布逐渐在市面出现，国家对布匹棉花实行统购统销政策。村民每人每年发放 3.3 尺布票，由于布票短缺，中老年人仍以粗布为主。1965 年后，布票增加到每人每年 16.5 尺，各类化纤布、混纺布、的确良相继上市，深受村民喜爱。

1983 年 12 月，国家取消布票制度，人们穿衣开始讲究面料、款式、颜色和季节的搭配。

进入 21 世纪后，村民的服装消费开始注重健康、时尚，化纤、腈纶材质的服装不再受欢迎，村民首选纯棉、真丝、真皮材质的服装。

鞋袜。20 世纪 50 年代前，村民穿鞋都是手工做的单鞋、棉鞋。20 世纪 60 年代，塑料底布鞋出现，轻便耐磨。1965 年后，市面上出现塑料凉鞋，既经济实惠又适宜穿着下地劳功，受到村民喜欢。

20 世纪 80 年代中期，村民开始购买各式皮鞋、布鞋、胶鞋。鞋的款式、花色逐渐增多，青年女子开始穿高跟鞋。21 世纪后，随着村民消费水平提高，中青年人以穿皮鞋、旅游鞋为主，有各种质地、款式；老年人以布鞋、旅游鞋，保健鞋、休闲鞋为主。

20 世纪 50 年代前，村民以穿自己缝制的布袜为主，有单有棉，也有村民不穿袜子。20 世纪 60 年代中期，市面上开始出现尼龙袜，颜色鲜艳，结实耐穿。至 70 年代末，尼龙袜、尼龙丝袜盛行，基本替代了棉线袜。也有人自己用棉线、毛线编织袜子，既暖和又实惠。进入 21 世纪，村民多穿棉线袜。

帽子。二十世纪五六十年代，只有较富裕或经商的男子戴皮帽或棉帽。多数村民只有冬天才戴毡帽或大耳帽，春、夏、秋季出门戴苇笠。20 世纪 80 年代后，帽子种类渐多，男女老少帽子的样式花样繁多。

首饰。20 世纪 50 年代前，村民极少佩戴首饰，经济富裕的家庭妇女戴银戒指、银耳环。80 年代后，随着村民生活水平提高，妇女兴起戴耳环、项链、戒指、手镯。进入 21 世纪，村民消费水平提高，村民佩戴首饰渐渐普遍。

**饮食** 新中国成立后至 20 世纪 70 年代，村民主食以粗粮煎饼、馍馍为主，副食短缺。蔬菜多以自己种的萝卜、白菜、豆角、韭菜、南瓜为主。饮茶多数村民喜欢喝茉莉花茶，饮酒者多买散酒和少数低档瓶装白酒。改革开放后，村民生活水平不断提高，面条、馒头、水饺成为家庭的主食品。大豆、绿豆、小豆、地瓜及其他小杂粮制作的食品则成为居民辅助食品。食用油以花生油、豆油为主。村民买肉不再挑肥，而是拣瘦。除吃猪肉以外，鸡肉、羊肉、牛肉等比重逐渐增大。水产品有鱼、虾、海带。20 世纪 90 年代后期，随着经济的不断发展，村民生活水平不断提高，蔬菜品种增加，人们四季皆能吃上各种新鲜蔬菜，瓜果品种也大量增加。

**住房** 新中国成立前，村民住房多为一户一院或一院几户。房屋构造多为石头房、土坯房，木梁檩、起脊，黄百草、麦秸盖顶。木棂窗户内糊窗纸，全封闭木门，少数房屋用砖镶门窗和房屋四角。房屋既窄又矮，采光、通风功能较差。多数庭院建有栏圈，用以养猪。二十世纪五六十年代，村民很少有建新房者。

20 世纪 70 年代，随着生活条件的改善，盖房者日渐增多。1995—2002 年，在村北

新式民居（2018 年）

先后建起 5 层、6 层、4 层三栋居民楼，92 户，平均每户 112 平方米，水、电、通信设施齐全。至 2018 年，村民自建二层小楼 70 多户，进城买商品房 150 多户。

**出行** 新中国成立前，村民走亲访友、赶集上店多为步行，也有人骑毛驴“赶脚”。新中国成立后，樵岭前村交通日渐便利。20 世纪 70 年代中期，村民以自行车代步者增多。自 20 世纪 80 年代，部分青年开始购买摩托车。1984 年，樵岭前村自办交通客运，先后购置 3 辆大客车，往返于樵岭前村至博山火车站。1987 年，改为 49 路公共汽车运营。2018 年，全村有各种轿车、面包车、货车 300 多辆。

**生活用具** 新中国成立前，富裕人家有祖传下来的方桌、太师椅、条山几、梳妆台等家具，多数村民家中只有方桌、椅子、板凳，贫苦人家只有矮桌、板凳等简易家具。多数木床没有床头，只有床面及床腿，床面框架上铺上谷草、再铺上苇席。有的村民冬天睡炕，夏天睡床，也有村民冬夏皆睡土炕，只是夏天把炕上铺的谷草换成苇席。

20 世纪 70 年代后，年轻人结婚要置办几样新家具，有方桌、椅子、梳妆台、衣橱，衣箱分为大箱和小箱等。80 年代后，村民家中出现大衣橱、高低橱、电视机柜、写字台、沙发、茶几等。多数家庭购置挂钟或座钟，部分家庭购置缝纫机和液化气灶等。90 年代后，家具品种更新，实木家具受欢迎，席梦思床和各种材质的沙发、茶几进入村民家庭。2000 年后，村民新居大都经过装修，家具、电器样式齐全且追求健康卫生环保。

## ◉ 社会保障

**五保户供养** 新中国成立初期，大队对无劳动能力、孤寡老人、残疾人给予最低生活保障。1958 年成立人民公社后，对无依无靠老人实行保吃、保住、保穿、保医、保葬制度。不能自理的五保户，大队安排邻居负责照顾，每天给予适当的工分。1984 年以后，农村集体经济改革，实行土地联产承包责任制。村里对五保户每人每年发放 250 千克粮食，每月发放 30 元钱。2018 年，按照区委统一安排，对特困人员送往源泉镇敬老院供养。

**养老保障** 改革开放后，大力发展村办企业、旅游业，集体经济不断发展壮大，樵岭前村养老保障在农村养老政策不断完善的基础上发展起来。从 1984 年开始对 60 周岁以上老年人实行养老生活保障。按 1955 年、1956 年男性村民加入初级社、高级社时间的年限计算，每人每年分别享受 276.6 元、268.8 元、240 元。全村有 45 名男性老人享受。1991—2012 年，全村 60 岁以上男女老年人每月养老保障金由 35 元提高到 80 元。2013—2018 年，每人每月 100 元。2018 年，全村有 358 人享受养老保障金。

2004—2011 年，村集体对 70 岁以上老人过生日每人发放 100 元，2012—2018 年，标准提高到 160 元。

**医疗保险** 1970 年 3 月，全村实行合作医疗，村民每人每次交 5 分钱看病拿药。1983 年 11 月 20 日以后，不再实行合作医疗。1989—1992 年，又恢复实行合作医疗，每人每年交 10 元钱即可到村卫生室看病拿药，到区级以上医院看病按花钱多少分别报销。1993 年以后合作医疗再次中断，村民看病自己花钱。2008 年，樵岭前村全面实行新型农村合作医疗，至 2018 年，全村 99% 村民都参加，有少数村民参加城镇医疗保险。

休憩

山东中医药大学专家教授到樵岭前村义诊（2016 年）

# 艺文杂记

樵岭前村美丽的自然风光及多彩的民间生活，滋养丰富了村民的精神生活，樵岭前人通过各种文学形式讴歌樵岭前。同时，樵岭前村吸引了众多的诗人、作家、书画家到此赋诗作画。

# 诗歌

### 游樵岭溶洞感赋

翟翕武[①]

樵岭溶洞，瑶琳齐名。
峰回路转，引人入胜。
齐鲁精英，荟萃一洞。
晶莹润澈，灿若繁星。
物华天宝，人杰地灵。
形态妍丽，鬼斧神工。
溪涧深幽，湖光峦影。
盛世桃源，胜似武陵。

### 溶洞

刘绍先[②]

博山城西一溶洞，山环水绿相映中。
峰奇水碧林景秀，游人观景兴趣浓。
洞深一千四百米，不啻一座地下宫。
侧耳听泉叮咚响，北国溶洞有美称。
乳笋幔石多美姿，石花独特饰洞庭。
多彩各异钟乳石，状似珊瑚串珠红。
虚无缥缈有美感，飞阁留丹有神工。
置身传说晶宫殿，怡情悦性是佳境。

① 翟翕武，山东博山人，曾任浙江省委常委、副省长。
② 刘绍先，天津市宝坻人，济南军区离休干部。

## 咏樵岭前溶洞

徐植农[①]

齐山餐秀色，古洞惜珍奇。
乳石罗千象，神工赋绮思。

## 烟雨淋漓湖

赵蔚芝[②]

淋漓虽屡至，烟雨时初逢。
隐隐笼湖水，蒙蒙掩翠峰。
望晴阴不散，待日雾翻浓。
华馆依山建，楼高计几重?

## 北国洞天

丁恩昌[③]

钟乳垂万年，石瀑插玉簪。
岩心长行笋，洞壁开白莲。
黄滔流百丈，晶莹石鹅管。
壮观鸳鸯楼，半空垂玉帘。

## 樵岭前王母池

杨文章[④]

樵岭庄南有山泉，曲折下泻水环山。
漫道人间称仙境，王母留恋也忘返。

① 徐植农，江苏省苏州市人，原淄博师专教授。
② 赵蔚芝，山东博山人，淄博师专教授。
③ 丁恩昌，国家一级编剧、中国音协会员、淄博市首批拔尖人才。
④ 杨文章，山东博山人。

### 赞樵岭前仙境

沙良忠①

胜登望鲁寰宇间，朝阳仙洞落九天。
幽谷卧龙长流水，悬崖绝壁生云烟。

### 王母池

张宗发②

瑶池天降峰丛间，水碧涟漪倾玉盘。
鱼雀互猜相对望，化身王母立池边。
神工凿壁修潭殿，天降开河拓路宽。
乐奏半空随巨浪，好游宾客尽开颜。

## ◉ 歌曲

### 山水画廊樵岭前

——博山樵岭前村村歌

丁恩昌　路玉刚　词

林慎泉　丁恩昌　曲

山叠翠，水甘甜，
山水画廊樵岭前。
一步一景日月新，
北国第一洞中天。
淋漓湖水赛天池，
大桥凌空跨山涧。
哎！人文荟萃翰墨香，

---

① 沙良忠，字佰实，号愚乐子。曾任中共博城公社党委委员、副社长，博山区委统战部民族宗教科科长，副部长级调研员。

② 张宗发，山东莱芜人。莱芜市作家协会会员，莱芜市诗词学会会员。

巧手描绘好家园。

鸟弹琴，水拨弦，
齐长城遗址连雄关。
红色旅游文明村，
老区精神美名传。
山乡宜居人安康，
四海游客梦中恋。

## 樵岭把人梦魂牵

1=$^{b}$B $\frac{2}{4}$

快速 欢快地

丁恩昌 词
任宝桢 曲

我 心中 喜 味 我 心中 欢 哎， 我 旅游 来
我 心中 喜 味 我 心中 欢 哎， 王 母驰 风
到 樵 岭 前。 满 面 春 风 我 进 了 溶 洞，
光 醉 神 仙。 雄 狮 观 云 仙 桃 石，
神 秘 世 界
四 叠 瀑 布
尽 奇 观。
挂 水 帘。
石 笋
高 峡
石柱 石 花 石 瀑 白如 玉， 瑶 池 仙 境 灵 山 金 塔
碧波 倒 泻 银 河 湍湍 湖， 亭 台 溢 彩 龙 头 吐 玉
景万 千。 金 鸡 报 晓 万 古 日
垂银 链。 天 界 擎 空 托 日
规， 听 泉 观 云 拨 琴 弦。 哎 咳
月， 古 齐 长 城 牵 着 青 石 关。 哎 咳
咳， 哎 咳 哎， 神 功 造 化 赛 龙 宫，
咳， 哎 咳 哎， 十 里 峡 谷 多 美 景，
四 海的 游 客 流 连 忘 归 返。
画 卷把
突慢 原速
五 洲 突 用 梦 魂 牵。

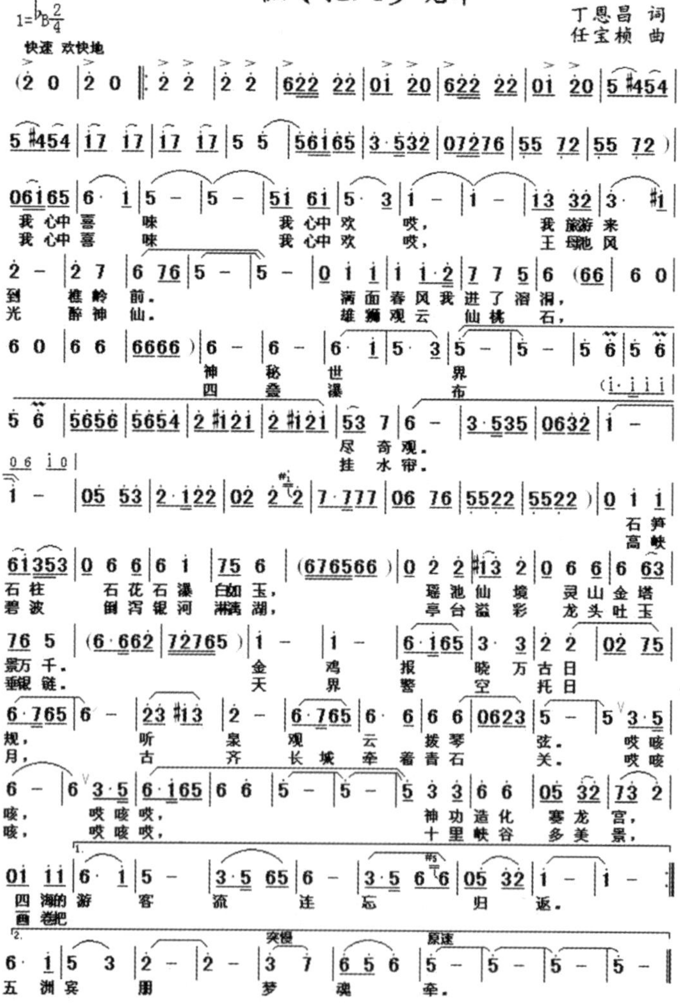

哎！扛起担当奔征程，
圆梦的太阳心头暖。

# 散文

## 樵岭三景

周玉贤[①]

博山樵岭前，确是风光旖旎而奇特。足可欣赏者，当推三景。

### 怪石飞瀑王母池

从樵岭前村南行不远，便进入池子峪口。那儿，瀑布高挂，陡壁峭岩，怪石嶙峋。那叠立在瀑布旁边的三块巨石，高达十数米，就像一位体态娉婷的仙女在俯首凝思。听村里老人说，古时候天上王母去泰山巡行，经过此地，见风光如画，十分留恋，便停下祥云，濯水沐浴，化为岩石。瀑布下边的碧潭，便是当年王母沐浴用的铜盆，所以称王母池。

### 高峡平湖映群山

淋漓沟水库，建于高山峡谷之中，容水143万立方米，浩浩渺渺，十分壮观。

库区之美，在于一年四季各具姿色。仲春，周围山坡上嫩草萋萋，万木新绿，野花斑斓，山坳处的果园桃红梨白，一派生机。盛夏，水畔群山变为苍绿色，天上乱云飞渡，太阳出没云间，水库时而静影沉碧，时而泛光跃金。深秋，硕果缀满枝头，红叶飞丹流霞。隆冬，群峰白雪皑皑，峡谷冰川高挂，景色更为奇绝。

### 瓮口悬崖古洞奇

樵岭前不仅山清水秀，更有李家洞和朝阳洞引人入胜。

李家洞在高达十余丈的峭壁悬崖上。据《博山县志》载："洞口在崖中，大如瓮，村人曾由悬崖蜿蜒至洞内，见两壁上有石架眼，两两相对，碾磨俱在，渊水澄清。"

朝阳洞在李家洞峭壁背后，洞口狭小，仅容一人匍匐进入。进洞数步，则渐高阔，擎着矿灯一路走去，但见四壁奇石怪岩，涓水汩汩。翻上第一道悬崖，石洞更加高阔，有一处宛如大厅，顶高三丈以上，四壁全是倒挂的钟乳石。顺石壁观看，奇景接踵映入眼帘：数只"小猴"倒挂虬枝捞月；一只"小象"翘鼻奔跑；"白兔""银狐"相对嬉戏，

① 周玉贤，博山区文化局原局长。

"金凤""苍鹰"，造型逼真。过大厅再前行，六条垂地柱天的钟乳石，恰似六根亭柱，构成一个凉亭，六个亭角上，玲珑剔透的钟乳石群，组成了许多奇异图案。亭前，一泓清泉，清澈见底。据村人讲，现已探明的洞深达四、五华里，厅宇六处，然尚未找到尽头。这实在是旅游地中尚待开发的地下"仙境"。

## 漫话樵岭齐长城

丁恩昌

依山傍海齐长城，巍巍千秋留美名。

在泰沂山区北部，原山山脉怀中，省级风景区樵岭前村南，有两段残留的古齐长城遗址及保留较好的拱桥一座，桥高约 5 米，宽 3 米，向东西延伸数里。

齐鲁古长城，西起山东平阴县防门，蜿蜒盘曲东行至胶南大珠山入海，全长千余里。据史书记载，西段早建，始于春秋末期，东段较晚，竣工于战国中期。齐长城在樵岭前一段出青石关，西接莱芜。《博山县志》记载："自峨岭之脊，东逾秋谷，接荆山，迤逦岳阳山以东，跨淄水，接临朐水界之东泰山；自（峨岭）脊西行，跨凤凰岭达原山、王大岭，皆长城岭也。"齐长城在樵岭前地段 2350 米处。

齐长城是齐国的南部屏障，是一项巨大的国防工程，起初是为着防御南部的强大邻国鲁，后来楚国的势力向北扩张，长城又成了齐国防楚的重要凭借。樵岭前这段齐长城依山势而构筑，随沟壑而设防，蜿蜒起伏，雄伟壮观。在高崖陡壁难以攀登之处，都用石块砌成两米左右高的石墙，如遇深沟便用巨石垒成拱桥，上面用碎石、沙土、石灰夯实，一般地段则为土石结合，其基部用大石块砌成，高三四米，宽达四五米。据传说当时为赶时间，冬季施工不停，土里掺有盐水，以保坚固耐久。有的地段墙中有木桩，以保持平衡加大拉力，现尚有腐朽木头的痕迹。据《管子》记载："长城之阳，鲁也；长城之阴，齐也。"樵岭前地区现存留的齐长城截面成梯形，南面陡峭，北面平缓，每隔一段都有乱石一堆及城堡一处，乱石大的如碌碡，小的如人头，是当年为守城御敌所备的武器滚石，这在青石关村西北山坡上分外明显。临近山下的地区，因前些年学大寨造梯田被拆除垒了地堰，现在看来十分遗憾。据《史记》载："齐宣王乘山岭之上筑长城，东至海，西至济州"。齐长城修筑时间是在战国时期周显王元年，即公元前 368 年。清代孙廷铨所著《颜山杂记》对齐长城的年代作了一番考证，认为长城是齐宣王时修的。后人认为长城很可能在周显王初年开始，经几代人努力，到齐宣王时最后完成。

在博山近城的长城遗址中，樵岭齐长城具有重要的位置。1954 年，省文管会曾派员实地调查，峨眉山、荆山、凤凰山、原山、双嘴山、望鲁山等长城墙基残留外，樵岭前一段保存比较完整。这段遗址距博山只有 7 公里，居高临下，气势巍峨，构筑坚固，布局合理，对研究古代城防有重要价值。

在游览博山溶洞、王母池、淋漓湖时，顺便参观一下齐长城，更使人情趣盎然，回味无穷。

## ◉ 楹联碑文

### 楹联

樵岭前大门联

王颜山

钟灵毓秀大展宏图百代兴，人杰地灵小康经济万民心。

山迎佳宾百峰竞秀怡倦眼，水送挚友万壑争韵聆琴声。

樵岭前纪念馆联

杨松山

当年全民抗战　莫忘英雄博山

樵岭前纪念馆联

张平

弘扬老区革命精神　促进老区经济发展

樵岭前纪念馆联

王培元

继承光荣革命传统　发扬老区奋斗精神

### 碑文

重修王母池碑记

樵岭泉之南二里许，诸峰秀出，蔚然而深。中有一石屹立，象本天成。相传以为金母遗迹。悬崖之上，飞瀑直泻下，而潆洄澄澈，汇注一地，沿而溯之，则谚所称黑龙潭在焉。峭壁千寻，宛列青琳之宇；奔涛万丈，如环翠水之溪。盖天之钟灵于是，而人得之以托神明者也。池之右建王母祠，池之侧为龙神庙。恩叨济旱，祷雨者喁喁而来；惠迟沉疴，倾风者拳拳而颂。奈肇造既已有年，洎重修亦复多日。节逢上巳，庆胜会于蟠桃；意切重申，敢输诚于鸠众。爰募善金，爰乘贞石。共被神庥，弥觉增辉于胜地；常新庙貌，还期继美之有人。是为记。

因事记碑者，所以较著当时，永传后世也。王母池夙有胜名。道光己酉岁，已蒙采臣邱老父台乘谕封山，原有历禁，实系星垣张公力也。但得谕帖，未勒碑铭。兹有谨遵前谕，捐资立石，严为封禁。如有樵采践牧者，禀官究治，公议所呈，决不宽恕。

郡庠生刘玉琨谨撰，邑贡生刘绪儒书丹

## 重修王母池庙碑记

王母池在樵岭前南隅，博邑之胜区也，岩壑深秀，泉水潆澈，西望瑶岛，无多让焉。其庙历年既久，不免风雨摧残，近复薪采日繁，戕伐树木，众颇忧之，欲修而未果者屡矣。兹有马公祠董事人等，公议同修，规模由旧，而庭宇维新，以妥神灵，以洽众志，诚盛举哉！工既竣，谨撰文以记，并将施地姓氏开列于左。

座山施主孙覃梅：东至小分水岭，西至分水岭，南至河中心，北至小山顶。

座山施主孙覃发、孙覃武、孙覃财：东至分水岭，西至分水岭，南至小山顶，北至河中心。

候选教谕恩贡生刘玉琨撰文。

郡庠生（下残）

光绪二十七年岁次辛丑清和月上浣（下残）

## 跳社碑

吾庄原属神头社，因社费不公，多年被累。前有岁贡生刘君绪儒，纠合社众呈请按粮银均摊，后社众之不遵者，同地方与吾庄为难。于光绪十七年吴公案下，致遭讼累。幸首事在案人等不避艰险，禀请跳入颜神社。在县署立有碑碣，每年地方帮项言定京钱八仟外，□□□□□每季四斗，□□□□□有额外之钱概不。孙覃馨介宾□刘海永，被生成皆此今已去世。谨□首事在案人等耆宾，以示后人不忘。

跳社碑

跳社在案首事，介宾刘海莒、介宾刘海经、介宾孙凝豪。

邑庠生刘序贡撰文

高等学堂肄业生孙允升书丹

大清宣统三年岁次辛亥荷月上浣合庄公立

## 樵岭前村碑碑文

樵岭前，位于博山城西七点五公里，处窑峪顶之阳，老猫头之阴，明代建村。因村处群山之中，高岭峭壁之前，故名峭岭前。后因村民多以采樵为生，演名为樵岭前。清康熙九年（1670）《颜神镇志》载名峭岭前。乾隆十八年（1753）《续修博山县志》载村名为樵岭前。原属莱芜县，清雍正十二年（1734）划归博山县。乾隆十八年属西北路，民国六年（1917）属第二区赞化乡，一九四四年属原山区，一九五八年属乐疃公社，现为乐疃镇辖村。村以农、林业为主，水源丰富，经济树有苹果、大枣、板栗、梨等。村工业有蛭石矿、保温材料厂、印刷厂、机械厂、纤维素厂、饭店、旅馆等。村西建有革命烈士纪念碑塔，村东南博山溶洞是我国北方较大的溶洞之一，与王母池、淋漓湖等处景观吸引中外游客络绎不绝。一九八五年被公布为第一批省级风景名胜区。

樵岭前村民委员会　立

博山区地名委员会　监制

一九九〇年三月三日

### 樵岭前村革命烈士纪念碑记

樵岭前村，群山巍巍，正气浩然，民风朴厚，志士辈出，具有光荣的革命传统。1937年抗日战争全面爆发，中华民族危急。全村人民在中国共产党的领导下同仇敌忾，奋起抵抗日寇侵略，挽救民族危亡。八年抗战中，先后有103名志士举戟，参加了八路军和抗日民主政权。抗战胜利后，国民党当局又挑起内战，在中国展开两种命运两个前途大决战的紧要关头，又有28名同志踊跃参加支前，投身于伟大的全国解放战争。他们在艰险而残酷的环境中，转战南北，浴血奋斗，前赴后继，勇往直前。为了解放全中国，有的英勇杀敌，血洒疆场；有的怒斥敌顽，慷慨就义，相继有20将士壮烈牺牲。铮铮铁骨，凛凛肝胆，可歌可泣，足为楷模。

为缅怀革命先烈功绩，继承革命先烈遗志，发扬爱国主义和革命英雄主义精神，沿着社会主义道路奋勇前进，实现共产主义远大理想，完成革命先烈未竟之伟业，谨建此碑，永志纪念。

中共樵岭前村支部委员会
樵岭前村村民委员会
公元一九八八年八月一日立

## ◉ 传说

### 望鲁山的传说

齐桓公曾和鲍叔牙扮成商人到过青石关，并特意爬上了关西边的望鲁山，他对此山早有耳闻，喜欢听有关此山的各类传说。望鲁山的传说很多，最有代表意义的传说故事有两个，一是神话传说，说的是上古时期，有一位神通广大的女仙，她喜欢四海云游、赏山玩水。有一天，她手持赶山神鞭在蓝天白云间游荡，走累了想停下来歇歇脚，她拨开薄纱般的云层，立时被望鲁山的美景所吸引，她飘落在山顶，看到峰峦嵯峨，古木参天，飞云叠瀑，瞬息万变。女仙流连忘返，想在此山安家。仙女站在山顶一块鸽子样的石巅上手搭凉棚，四下环顾。山也青、水也秀，花也红、树也绿，鸟飞蝶舞、美不胜举，唯一的缺憾就是觉得望鲁山低矮了一些，她想运法改变一下山的面貌，于是举起手中的神鞭口中念念有词，接连抽打了三下，她本想让山长高，结果事与愿违，望鲁山不但没长高反而降了一半，气得女仙驾起云头往西而去，来到了不如望鲁山高的泰山。仙女举起神鞭口中念念有词，她运足法力，照着秃头秃脑的泰山用力抽了下去，顿时金光耀眼地闪烁，山摇地动起来，就见山头异峰突起，树木疯长。不长时间泰山就长高了数百米，山顶上的一块巨石用力探长，形成了眺望东洋大海的一个跳板，这就是现在的望海石，是仙女仿望鲁山的形状点化而成的。

民间还有一个传说，说是古时候，瑶池王母东巡泰山，途经望鲁山，只见这里山峦重叠，飞瀑流湍，青岩光洁，祥云缭绕，王母被此美景所吸引，她非常喜欢这座山，就停下云车，步入飞瀑下的清水潭里沐浴，清澈的山泉水碧波荡漾，一眼就能看到布满白沙的潭底，不凉不热的水洗得王母兴高采烈，于是尽情地嬉戏，洗尽了疲劳，洗去了烦恼，王母舒舒服服地尽享大自然赐予的欢快，后人把王母沐浴的水潭叫作“王母池”。

又据传说，王母驾云来到望鲁山，对这里优雅的环境十分钟情，便有意在此安身。山神为了巴结王母，使出浑身解数想把望鲁山长高，谁知费了九牛二虎之力，望鲁山只长宽不长高。臊得山神捂着脸走开了，王母心知肚明，真是山神爷担不得大供养，她为了给山神挽回一点面子，有意祝他一臂之力，想着拿起赶山鞭照着望鲁山山头连打三鞭，谁知，随着鞭响望鲁山不仅没窜高反倒矮矬了下来，王母丢了面子，气得驾云飘然而去。

最具说服力的传说，要算春秋时期的一个真实历史故事。传说，春秋时鲁王之女嫁与齐，后因齐鲁相争，其女不得归，怀念亲人时，就登到齐鲁边境的一座山顶遥望，死后葬此，故名望鲁山。山上尚存点将台、望鲁庵、龙泉寺遗址。

## 布谷石的传说

相传，上古时期樵岭前西南一带并无一个像样的村庄。只是独门独户的住着一家善人。丈夫名叫莫迟，妻子名叫罗虹。当时夫妻二人只会植桑养蚕，不懂得插禾种田，每逢桑蚕旺季，尽管二人忙得不可开交，但还是难得温饱，待到大雪封门的寒冬，其衣食就更无保障了。除此以外，莫迟与罗虹还常为膝下无子而感到孤独、寂寞。

这年春季的一个早上，莫迟正在他的桑园中没精打采地闲逛，突然从对面山上传来阵阵哀鸣。

“好生奇怪，待我看个究竟。”莫迟一边自言自语地嘟囔着，一边飞奔现场。定神一看，是一只凶残的秃鹰正用它那锋利的爪子将一只可怜的小鸟摁在地上，他见情况十分危急，便顺手抄起一根大木棒将秃鹰打死。然后救起鹰口下的小鸟，一边抚摸着一边心疼地叨念："多可爱的小生灵啊，竟被这可恶的东西啄成这样子。"

抚摸多时，他又将小鸟脱落在地上的羽毛一根根捡起，并小心翼翼地捧回家中，夫妻二人又喂水又喂食地忙了大半夜才入睡。

天还没亮，二人匆匆起床后，那小鸟却不见了，二人又惋惜又心疼，急忙出门寻找。所奇怪的是小鸟没找到，却意外地发现了一个十七八岁的男孩正在一片刚翻过的田中一边调垅子一边撒什么种子，二人觉得这孩子来得蹊跷，忙向前问道："你是谁家的孩子？你眼前又是搞的啥名堂？"

对方从容不迫地回答："我是你们家的孩子，为了报答昨天的救命之恩，今天特向父母大人传授整地种谷之术。"

二人听罢，皆大欢喜。自此，三人一道下田，"儿子"在前面精心操作，父母在后面虚心学习。到了金秋时节，父母的种植技术成熟了，地里的谷子也成熟了，黄澄澄的谷穗在风中频频点头微笑，真叫人有说不出的高兴。这年冬天，谷满仓、丝满箱，谷充饥、丝织衣，衣食相济。

转眼又到了来年孟春。这天晚上，"儿子"忽然两眼泪汪汪地望着父母说："孩子本想给父母大人养老送终，怎奈吾已天年殆尽，从此再也不能侍候二位老人家了。"

莫迟夫妻二人闻听此言，顿时热泪夺眶而出，又着急又难过地问道："难道就一点解救之法也没有了吗？我可怜的孩子。"

"儿子"悲悲切切地回答，"此乃天意，违抗不得。如若犯规，连你们也难保全了。待我死后，请二位老人将我的尸体放于西岭上。"

不一会儿，"儿子"果然死了，父母双双抱头痛哭了一场后便遵照"儿子"的遗言，将"儿子"的遗体露天安放于西岭。

三天以后，"儿子"已化为一石，而且从那以后，每逢"谷雨"时节，这块神奇的石头就会发出"布谷，布谷"的叫声，接着栖息于四面八方的布谷鸟也一呼百应地叫起来。它们好像在提醒人们，切莫错过这种植谷子的最佳时节。

## 小青龙落难淋漓沟的传说

古时候，这里原来是深山丛林中的一条深沟，古曾名"林里沟"，也名"龙兴沟"。

除雨季外，这里是常年滴水不见，水贵如油。它后来怎么变成现在的淋漓湖呢？那就要从小青龙的故事说起。

传说有一年冬天，小青龙因触犯了东海龙王，被打得遍体鳞伤，扔进了“林里沟”，龙王想把它冻死。有个叫金贵的善良樵夫，路遇冻僵的小青龙，起了恻隐之心，便把小青龙揣回家，放在炕上暖了起来，并在小青龙的身上撒了治伤的药粉。过了一会儿，小青龙苏醒了过来，它摇摇头，摆摆尾，慢慢张开嘴对金贵说：“你救了我的命，我就认你做大哥吧，以后有困难就到林里沟找我，我会尽力帮助您的。”

第二年，从春到夏，樵岭前一带滴水不见，坡里庄稼眼看都要旱死了。金贵来到林里沟，对小青龙说：“兄弟呀，你能让老天爷下场雨，救救这里的老百姓吗？”小青龙像是很为难，犹豫了一阵才点点头说：“就是再犯一次天条，我也不管啦！”当夜，这里就下了一场大雨，庄稼救活了，老百姓欢天喜地，没有一个不感激小青龙的。

小青龙私自行雨的事，很快被东海龙王知道了，东海龙王用 32 把金锁，把小青龙牢牢地锁在林里沟的石砬子里，想把它活活困死。

到了秋天，这里又是一场大旱，别说庄稼了，就连树叶都枯黄了，人们找不到水喝，渴得嘴皮起泡，嗓子冒烟。小青龙看到人们在遭难，干着急也没有办法。老百姓恨透了东海龙王，扒了这一带所有的龙王庙，砸了所有龙王神像。龙王大怒，说：“这一带刁民不是想要水吗？好，我把半个东海的水全泼出去，让你们喝个够！”接着，樵岭前一带便天昏地暗，倾盆大雨自天而泄，很快就要水漫群山。小青龙见老百姓就要遭大劫，便从石砬子里伸出头来，张开大嘴“咕噜、咕噜”把林里沟的水喝了个干，才使这一带免遭水害。

从那以后，小青龙怕这里的人们再受水旱两种灾害，便把喝进肚子里的水，慢慢地从石砬子里吐出来。从早到晚，一年到头，水就这样淋淋漓漓、哗哗啦啦地流个不停。也不知流了多少年，水还是没完没了地流着。水汇集在林里沟，又缓缓地流入孝妇河。从此，人们便把林里沟改名为淋漓沟。经过漫长的岁月后，这里就变成了一片风景优美的淋漓湖了。

淋漓湖秋色

### 石门的传说

石门（2014年）

从村西的北山岭顺势攀爬而上，越过小寨，在窑峪顶一面高大的绝壁下方有两块相同的长方形巨石镶嵌其中，形似两扇大门，这就是传说中的石门。这里海拔500多米，周边怪石林立，树木高大葱郁，东临大寨顶，西望黄鹏大顶，南观齐鲁古道、梯子山长城，北依窑峪大顶。

相传这里面藏有金马驹等奇珍异宝，如果要想开启石门必须有十个亲生儿子，带上贡品，到石门前真心诚意磕头跪拜。没有诚意石门是不会开的，也别想得到里面的宝物。有一年，一位老者带着贡品和九个儿子一个女婿谎称十子，来到石门前拜道："石门开，石门开，我率十子拜门台，石门打开我进来，不求珍宝不图财。"这时石门果然开了，他们父子进了洞府，顿时被眼前的金银财宝看花了眼，贪婪的欲望冲昏了头脑，不顾一切地哄抢宝物，只顾图财，早忘记了事前的许愿。这时石门突然关闭，贪心的父子一家全葬身石门之中。从那以后，再也没有人打开过石门。

## ◉ 杂记

### 快板

#### 送子参军模范孙大娘

孙希三[①]

樵岭前，东西长，
下河西南一村庄。
村上有个孙大娘，
送子参军好榜样。
大娘丈夫去世早，
身边留下两儿郎。

① 孙希三，樵岭前村人，山东省书法家协会会员。

志刚志强兄弟俩，
个头不矮身体壮。
四〇年的六月间，
乌云遮日黑风狂。
鬼子强占樵岭庄，
杀人放火又抢粮。
修炮楼，建据点，
樵岭人民遭了殃。
耳闻目睹此情景，
暴行激怒孙大娘：
“日本鬼子，真猖狂，
胆敢侵犯我家乡。
不把鬼子赶出去，
睡觉咱也睡不香。”
孙大娘，细思量，
赶鬼子，就打仗。
我的脚小年纪大，
不能扛枪上前方。
两个儿子已长大，
可以扛枪代替娘。
儿子前方去打仗，
随时都会有伤亡。
儿行千里娘担忧，
为娘怎能把心放。
如果不去保祖国，
无国哪有咱家乡。
想到此处心意定，
决心送子去打仗。
四一年的三月天，

春风送暖遍家乡。
上级动员去参军，
当兵扛枪上前方。
大娘听了心里想，
现在正是好时光。
我要送儿去参军，
保卫边疆保家乡。
晚饭过后唤儿郎，
“志刚志强听娘讲：
日本鬼子犯中华，
四处烧杀淫掠抢，
不把鬼子赶出去，
群众生命无保障。
咱不保国谁保国，
无国哪有咱家乡。
娘要你俩去参军，
不知你们怎么想？”
志刚一听心欢喜，
立刻接言开了腔：
“我的主意已确定，
参军保国理应当。
只是弟弟年纪小，
再过两年也不慌。
家中农活娘能担，
小弟在家能帮忙。”
志强一听接言道：
“大哥说话欠思量。
这次参军我要去，
还是大哥留家乡。”

大娘听了心欢喜，
面带笑容对儿讲：
“你们两个不要争，
不必担心家中娘。
你们两个都要去，
家中农活娘担当。
到了部队好好干，
勇敢杀敌战豺狼。
打败敌人立战功，
手捧喜报来见娘。”
儿子含泪把头点，
娘的嘱托记心上。
第二天，天刚亮，
大娘立即起了床。
左手志刚右志强，
大娘手牵双儿郎，
报名处里把名报，
送子参军保家乡。
人们见了此情景，
竖起拇指夸大娘：
“送子参军思想好，
大家学习好榜样。”
大娘对着领导讲：
“今天送子去参军，
扛枪前线打豺狼。
彻底赶走日本鬼，
保卫祖国保家乡。”
部队首长把话讲，
心情激动赞大娘：

“人人都像您这样，
不愁打败小日狼。
志刚身高体健壮，
让他扛枪上前方。
志强年少个子矮，
部队宣传演员当，
这样安排可满意？
有啥要求尽管讲。”
孙大娘，把话讲：
“领导安排俺满意，
这些事情俺知详。
参军不是去享福，
只为保国卫家乡。”
领导见此心里想，
这事应当大宣扬。
尽快上报区领导，
全区学习孙大娘。
参军再掀新高潮，
长江后浪推前浪。
总结表彰大会上，
领导表扬孙大娘。
赠给一块大红匾，
挂在孙家大门上。
再赠一副红对联，
分贴大娘门两旁。
大娘美誉四处传，
送子参军好榜样。
千古流芳垂青史，
模范事迹永不忘。

建设祖国创大业，
人民江山万年长。

**民间俚曲**

## 十哭长城

一哭啊长城泪汪汪呀，掌上银灯裁衣裳。未从下刀剪呀，打量哪身量，思想没有尺呀，思想又思想。思想啊起来不如亲眼那见呀，哭坏奴家小孟姜。

二哭啊长城是泪纷纷呀，做好了寒衣停秀针。手搬那龙花镜呀，替郎试试新。如了奴家的意呀，遍地二夫人。

三哭啊长城是泪两行呀，清水洗手下厨房。待吃长条面呀，便得半碗汤，待吃滋和味呀，便的奴先尝。尝什么好来是尝什么歹呀，眼前哪有吃面的人。胸前落泪呀哭心肠。

四哭啊长城是泪涟涟呀，头戴一顶雪花冠，罗裙整八幅呀，麻绳三尺三，打扮呀起来好似那白士女呀，眼前落泪啊湿透了白布衫。

五哭啊长城是泪满怀呀，手托寒衣出门来，来在荒郊外呀，北风吹满怀。脚踏蒲龙草呀，寸步也难抬。眼望着那长城有那几万里呀，一步一声哭起来。

六哭啊长城是泪扑胸呀，立步来到长城岭。来在那长城岭呀，四谷无人行。处处地黄沙土呀，阵阵地西北风。喊了呀有那十多声啊，一声你也不回应。叫一声丈夫你可哪里去呀，撇下为奴受苦情。

七哭啊长城是泪潸潸呀，头上拔下白银簪。就地划十字呀，手把银钱分。圈子呀里头你可来使钱呀，圈子外头你看着。使了呀钱来你可归天去啊，撇下奴家受熬煎。

八哭啊长城是泪嚎啕呀，做好了寒衣一火烧，左边一个起呀，右边一个飘，飘飘呀你可怎么归天去呀，留下那奴家在人间怎么熬?

九哭啊长城是泪婆娑呀，叫声丈夫你听着。寒衣好和歹呀，好歹你收着，若要不合适呀，夜晚把梦托，再做那寒衣可就另改那样啊，不和奴说和谁说?

十哭啊长城是泪洗愁呀，日落西山九梦秋。我把那寒衣可就送到头呀，磕头那十步九回头。世界上哪有这样的贤良女呀，一步一声啊哭到头。

山水画廊

# 人物

樵岭前村是革命老区，是红色革命村。本部分以简介的形式记录樵岭前籍在各个历史时期，特别是在抗日战争和解放战争时期参加革命，为民族解放事业作出重要贡献的人物。

# ◉ 人物简介

**刘绪儒** 清嘉庆十七年（1812）生，字鲁泉。17 岁考中秀才，23 岁为邑贡生，受当时博山县令的赏识，举荐其共事博山教谕。其天资聪慧，出口成章，主编博山乡土教材，著有诗集《清云集》。书法造诣精湛，清道光五年（1825），重修樵岭前村王母池碑记，由其书写。

**刘序骞**（1867—1948） 字希闵。自幼聪慧好学，清光绪十一年（1885）考中秀才。1937 年续修《博山县志》期间，任第二区名誉采访员，对樵岭前村及乐疃、马公祠等村的文化史料调查采访，为编纂《博山县志》提供了翔实资料。曾在北京、博山教学多年，在家乡设私塾学堂教书多年。

**孙兆丰**（1898—1964） 1938 年 1 月加入中国共产党。3 月成立樵岭前村第一个党小组，任党小组组长。党小组属博山工委领导。1939 年 1 月参加博山县抗日积极分子训练班，1940 年 3 月任支部书记。1940 年 4 月，根据二区分区委工作安排，去山头镇王福太开办的窑厂，以工人身份为掩护，秘密开展工作。解放后，供职于山头窑厂，从事陶瓷画工艺术。

孙兆丰

**孙惠忱**（1900—1966） 又名孙允德、崔少曾。高中文化。在博山区南域城小学任教时，先后接触到蒋方宇、张敬焘等革命进步人士，受到进步思想的影响，积极参加抗日救亡活动，加入中华民族解放先锋队。1937 年 10 月，在博山炉神庙小学加入中国共产党，他是樵岭前村最早的中共党员之一，也是村党组织的奠基人。1937 年 12 月，参加八路军，先后在四支队三支队任指导员、宣传股长、组织股长、技术书记等职。1938 年 1 月，回村发动借粮济贫，并积极发展党员，壮大党的力量。7 月到沂南岸堤参加山东抗日军政干部干校学习。10 月，中共博山县二区分区委建立，孙惠忱任书记。11 月为抗日救国作工作，为八路军筹款。1941 年 3 月，为八路军筹款更换夏装。1939 年秋，他先后任中共博山县二区分区委书记、淄川县新二区区长。1948—1950 年，在淄博特委工作。1954—1957 年，任华东煤炭管理局基本建设处处长。1960—1966 年，任云南省煤炭厅处长兼煤炭干校校长。

孙惠忱

刘中和

**刘中和**（1900—1977） 中学文化。1919 年毕业于博山县县立师范讲习所，先后任博山县报恩寺小学教员、校长，1926 年 11 月加入中国共产党，成为博山地区早期中共党员之一。1927 年参加中共地下组织。1928 年 5 月，中共博山支部被迫解体。1930—1933 年先后任莱芜县三、六区区公所助理员，苗山团秘书。1934 年后，回家务农。1938 年，为樵岭前村筹建抗日团体，任抗日自卫队队长。1939 年，回家务农，同年 10 月，当选为博山县抗日民主政府二区区长。1940 年先后任淄川县参议会副参议长、泰山专区参议会议员，至 1947 年返乡务农。新中国成立后，为淄博市第二届各届人民代表大会民主人士代表，淄博市政协第一届、二届、三届委员。1956 年 4 月，任淄博市政协副主席。

孙即信

**孙即信**（1904—1990） 1941 年加入中国共产党并参加革命工作。1944 年，被中共博山工委安排任樵岭前村伪保长，接受博山工委命令，秘密瓦解驻北大顶碉堡日伪军据点，将八路军和政府的宣传员及信件秘密送到碉堡里，开展政治攻势。瓦解驻北大顶碉堡日伪军后，被驻莱芜县青石关村汉奸队长亓立田派 4 个伪军将其抓去审讯，硬逼孙即信承认勾结八路军。他拒不承认，被施以酷刑。经党组织营救和中共博山工委书记李东鲁出面争取，后将其保出。其后，先后任北海银行博山支行（后改为中国人民银行）总务股股长、信贷股股长，中共博山糕点厂支部书记等职。1983 年离休。

刘持忠

**刘持忠**（1907—1983） 高小文化。1939 年参军，1943 年加入中国共产党。1939 年至 1947 年 5 月，在淄川县大队独立营、莱芜县常庄区、十五军警卫团政工大队先后任战士、股长、副排长、排长、副连长、连长、指导员。1947 年 5 月至 1951 年 12 月，在第三野战军十五军警卫团先后任连长、指导员。1951 年 4 月，转业至云南省个旧市公安局任副局长兼劳改大队中队长。1952—1954 年，任云南省开远发电厂分厂党支部书记。1954 年 4 月至 1959 年，任云南省开远发电厂异龙湖施工队大队长。1959 年 10 月，调回博山区任博山木器厂厂长兼任博山区武装部军训教官。1973 年离休。1943—1951 年间，立一等功 2 次、二等功 3 次、三等功 4 次。

**刘同吉**（1908—1989） 初中文化。1939 年 1 月，参加中共博山县委在李家镇举办的抗日骨干积极分子训练班并在训练班加入中国共产党。1940 年 4 月，参加八路军。1940 年至 1942 年 3 月，任博山县二区特派员。1942 年 4 月至 1945 年 8 月，任章丘县青山区公安员。1945 年 9 月至 1947 年 8 月，先后任淄川县龙泉区工作队长、龙泉区公安局局长。1947 年 9 月至 1947 年 12 月，任淄川县新兵连第三连连长。1948 年 1 月至 1954 年 9 月，任河南省洛阳市公安处处长。1954 年 10 月至 1959 年 1 月，任河南省地方国营新乡营造厂厂长、党委书记，1959 年 2 月至 1961 年 2 月，任河南省豫西、豫北监狱监狱长。1961 年 3 月至 1962 年 3 月，任青海省海南藏族自治州公安局局长。1962 年 4 月离休。革命战争时期曾参加莱芜战役、孟良崮战役、济南战役、潍县战役，并多次立功受奖。

刘同吉

**孙学孔**（1913—1985） 高中文化。1939 年 5 月加入中国共产党。1937 年 5 月，参加地方抗日武装工作。1942 年 1 月，因叛徒出卖被捕，遭到日军宪兵队严刑拷打，但坚贞不屈，后经党组织多方营救保出。1942 年 12 月至 1946 年 2 月任中共樵岭前村党支部书记，1945 年 8 月，带领樵岭前村 30 多名民兵从莱芜县关西坡村往桓台县索镇担运炮弹，经过几昼夜长途跋涉，顺利完成任务。9 月，组织樵岭前村 24 人 6 副担架队支援攻打博城。10 月，任樵岭前村农救会会长，11 月任樵岭前村文教组负责人。1948 年 1 月至 1949 年 9 月，任中共樵岭前村党支部书记。1950—1962 年，任博山区农林科科长。1963—1971 年，先后任乐疃、桃花泉公社党委书记。1971—1974 年，任博山区民政局局长。

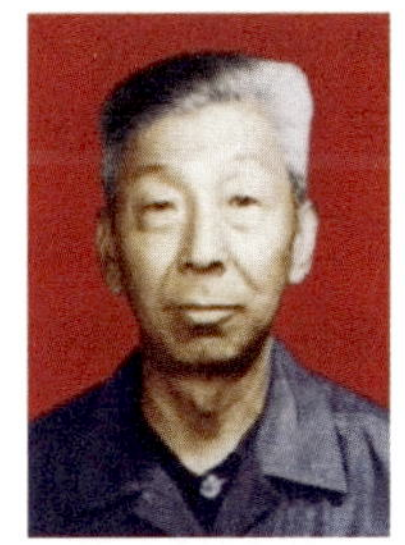
孙学孔

**彭祖德**（1913—1993） 高中文化。毕业于博山颜山中学，受革命进步思想的影响，“七七事变”前在博山任小学教员时就秘密参加了中共博山地下党组织。1939 年 9 月，到苏鲁豫皖边区省委举办的山东抗日军政干部学校学习。结业后，被分配到部队。12 月，中共博山县委对山东人民抗日自卫团博山第一团进行整顿，建立脱产武装警卫连，彭祖德任指导员，后被八路军山东纵队四支队整编。1939 年后，历任八路军营教导员、解放军团政委、野战医院政委、解放军空军军衔处处长、浙江医科大学党委负责人、金华医学院院长、金华师范学院院长等。

彭祖德

**孙启鹏**（1917—1997） 1940 年参加革命工作，1940 年 8 月加入中国共产党。1942

孙启鹏

年 7 月参军入伍，历任山东鲁中军区博山县二区区中队战士、排长，鲁中军区一军分区副指导员、指导员、副教导员等职。1948 年 2 月随华东南下干部纵队南下，先后担任浙江省七军分区助理员、浙江省丽水军分区独立八营副政委、丽水军分区二营教导员、丽水县人武部部长、永嘉县兵役局副政委、平阳县人武部政委、温州军分区政治部副主任等职。1962 年 5 月至 1964 年 4 月任中共平阳县委常委。1970 年 2 月被免职，回原籍博山区人武部安置。1982 年 5 月离休。曾在 1947 年莱芜战役中负伤评为二等乙级伤残军人，先后参加过莱芜战役、胶济铁路阻击战、渡江战役、浙江剿匪等战斗。曾立三等功一次、四等功二次。1955 年 4 月，获得中华人民共和国独立自由奖章和三级解放勋章。1988 年 9 月获独立功勋荣誉章。

孙曙光

**孙曙光**（1917—1986） 又名孙兆科，初中文化。1939 年 3 月加入中国共产党。1939 年 2 月，参加李家庄（现池上镇）博山县抗日积极分子训练班。1941 年 3 月至 1944 年 3 月，先后任博山县二区委宣传委员、组织委员。1944 年 3 月至 1946 年 8 月，配合部队三次攻打北大顶炮楼和日伪军警察所。1944 年参加攻克土门头日伪警察所、巧取李家窑敌碉堡的战斗，被评为战斗英雄，二等功臣。1948 年先后任淄川县昆仑区委副书记、书记。1949 年 2 月随山东干部南下，先后任上海国棉二十一厂厂长、上海纺织机械厂总务科科长。1972 年任樵岭前大队贫协主任。

孙即贤

**孙即贤**（1917—1997） 初中文化。1938 年任淄川县二区公安员。1943 年 4 月至 1943 年 8 月，任淄川县公安局战士、侦查干事。1942 年 11 月至 1943 年 3 月，任淄川县新二区公安员。1943 年 4 月至 1943 年 8 月，任鲁中军区公安局训练班学员。1943 年 9 月至 1946 年 11 月，任博山县原山区公安员。1944 年 3 月，同孙曙光组织樵岭前村民兵孙兆鸿、孙启炳及乐疃村、池子村 7 名民兵夜袭博山土门头日伪警察所，俘敌 11 名，缴获敌物资一宗。4 月，和孙曙光化装成日军宪兵队便衣特务，进入李家窑碉堡内侦探敌情，在没有惊动敌人情况下取走敌人的两支步枪和子弹。1946 年 12 月至 1949 年 4 月，先后任博山县公安局侦察股长、洛阳市东关区公安分局局长。1949 年 5 月至 1950 年 6 月，任宣洛煤矿党支部书记、工会主席。1950 年 7 月至 1953 年 9 月，任河南省总工会劳保部科长。1953 年 11 月至 1971 年 6 月，历任河南省郑州国棉二厂工会主席、党委书记。1971 年 7 月至 1975 年 6 月，任河南省纺织器材厂党委书记。1975 年 7 月至 1982 年 6 月，任郑州市第四人民医院党委书记、顾问。

**孙兆兰**（1919—1989） 初中文化。青少年时期受到进步教师孙惠忱的影响，加入博山抗日先锋队。1940 年 4 月加入中国共产党。1945 年 2 月至 1948 年 2 月，先后任村小学教员、村党支部书记、乐疃乡党支部书记。1948 年 2 月至 1949 年 7 月，任原山区财政助理员、区公所副所长。1949 年 7 月至 1950 年，在淄博建国学校学习、淄博专署工作。1950—1955 年，在淄川县城区任副区长、区长、区委副书记、书记。1955—1958 年，任淄博市洪山区区长。1958—1966 年，任淄博市农林水利局局长、市农电局局长。1970—1974 年，任太和水库会战指挥部副指挥。1974—1981 年，任淄博市农业供电局党组书记、局长。1981 年离休，享受厅局级待遇。

孙兆兰

**孙启俊**（1920—1985） 初中文化。17 岁参加抗日先锋队，秘密开展革命活动。1940 年加入中国共产党。1940 年秋，任中共博山二区分区组织委员。1940 年，参加山东八路军四支队，先后任连指导员、连长、副营长、营教导员、营长。参加莱芜战役、孟良崮战役等战役战斗 30 余次，并多次立战功。1949—1961 年，先后任泰安军分区兵役局局长、武装部部长、宁阳县武装部政委等。1961—1974 年，任泰安县武装部政委。1976 年离休。享受副师级待遇。

孙启俊

**刘云程**（1921—1942） 女，1938 年参加革命工作，1939 年 8 月参军。1939 年 10 月加入中国共产党，任博山县第二区各界妇女抗日救国联合会会长。1940 年，她带头组织建起樵岭前村妇女剧团，自编自演文艺节目《送子参军》《送郎参军》，有力地鼓舞了全村广大青年参军热情，当年就有 8 名青年报名参加八路军。她积极深入乐疃、岭西、桃花泉、北闫、牛角等村，先后建成 12 个村的妇救会组织，发展妇救会成员 240 余人。1942 年 10 月，在莱芜县吉山突围战中牺牲。

**孙晓光**（1921—1998） 高中文化。出身书香门第，孙晓光少年受进步思想的影响，以爱国救亡、报效国家为己任。1940 年 3 月参加中国共产党。1940 年 3 月至 1941 年 3 月，任村党支部宣传委员。1941 年 3 月至 1948 年 8 月，先后任淄川县新二区、博山县原山区、岳阳区副书记、书记。1948 年 8 月至 1949 年 8 月，在青年团中

孙晓光

央团校学习。1949年8月至1952年1月，任青年团淄博地委组织部科长、副部长、部长。1952年1月至1953年8月，在淄博特区所辖淄博市人民政府任党组副书记、副市长。1953年8月至1955年11月，任淄博特委所辖淄博市委副书记、书记。1955年11月至1956年5月，任博山区委书记。1956年5月至1967年7月，先后任淄博市地方工业部副部长、部长、财贸政治部部长、市委委员、市委常委。1967年7月至1979年7月，先后任职淄博市革委农电局、生产指挥部、计划委员会、基本建设委员会。1979年7月至1980年11月，先后任淄博市纪委委员、副书记，市人大常委会副主任。1980年11月离休。

孙启炳

**孙启炳**（1924—2013） 高中文化。青少年时期，在其父亲孙兆丰影响下参加地下革命工作。1943年3月加入中国共产党。根据党组织安排，兼任八路军山东纵队四支队侦察连情报员，主要负责山头一带的情报工作，向山头一带的士绅、爱国人士募捐钱款资助抗日。1944年7月参军，任四支队侦察员。1945年至1948年11月，在鲁中军分区先后任班长、连文化干事、连指导员、营支部书记。1948年11月至1949年5月，在中国人民解放军二十一军六十一师先后任连指导员、团组织干事。1949年5月至1961年3月，先后任六十一师一八二团政治处主任、解放军政治学院学员。1961年3月至1962年12月，任山西省闻喜县人民武装部政委。1962年12月离职。1982年6月离休。1956年3月，获独立自由奖章。1957年3月，获三级解放勋章。1988年9月被授予独立功勋荣誉章。

刘云盛

**刘云盛**（1924—2009） 女，初中文化。1940年12月加入中国共产党。1940年5月任樵岭前村妇救会会长。1942年1月由于该村叛徒出卖，日军宪兵队指名索要樵岭前村女共产党员刘云盛，不然要烧毁全村，迫使保长将刘云盛送交宪兵队关押3个月，惨遭敌人刑讯拷打，坚贞不屈。后经党组织多方营救保出。

1944年1月至1948年3月，先后任淄川县、新泰县妇联主任。1948年3月至1949年9月，在中国人民解放军第二十六军民运工作队任排级工作人员。1949年9月至1951年9月，任南京市妇联二区队队长。1951年至1963年9月，先后在上海警备区政治部、广播器材厂车间、无线电十二厂任政治干事、支部书记、人秘科科长。1963年9月至1980年6月，任南通市农四师造纸厂副指导员、南通市商业局秘书科副科长。1980 年 6 月离休，享受县处级待遇。

孙学曾

**孙学曾**（1926—2000） 高中文化。1939 年 5 月，参加工作。1943 年 3 月，加入中国共产党。1939 年 5 月至 1951 年 3 月先后任山东泰山区后方卫生处看护员。山东第四支队卫生处学员。山东鲁中附属二所卫生员。山东鲁中一军分区第四大队看护员。山东鲁中警备三团医务员。华东七纵队 21 师 62 团医务员。二十五军卫生部医疗队学员。二十五军卫生部第二医疗队室长。第一医疗队副队长。第三医疗队队长。华东第十八野战医院队长。浙江省军区卫生部直属二队队长、华东第七野战医院队长，浙江第四、第三、第二康复医院任所长、医务主任、副院长、院长。1959 年 12 月至 1973 年 5 月先后任浙江绍兴县卫生局局长，浙江绍兴县革委会委员，绍兴县城关镇革委会常委，绍兴县血防办公室主任，绍兴地区卫生局局长。1973 年 5 月至 1984 年 2 月先后任绍兴地区医院党委书记，绍兴卫生学校党委书记、校长。1984 年 2 月至 1986 年 12 月，任绍兴市卫生局局级巡视员、党组成员。1986 年 12 月，离休。享受地市级待遇。

刘持刚

**刘持刚**（1926—2005） 中学文化。1944 年 5 月，参加八路军。1944 年 11 月，加入中国共产党。1944 年 11 月至 1947 年，在山东鲁中部队、华东野战纵队第八纵队、第四纵队政治部先后任战士、班长、排长等职。1947—1952 年，先后在二十二军政治部、第八兵团政治部为首长做警卫工作。1952 年，部队转业后在上海市委工作。1952—1966 年，历任上海市委车队队长兼书记，市委行政处处长，上海“五七”干校农场场长等职。

刘持训

**刘持训**（1927—2018） 大学文化。1945 年 8 月，参加工作。1946 年，加入中国共产党。1945 年 8 月至 1948 年 8 月，在淄博特区战时邮局、博山县邮电局，先后历任交通员、发行员、邮务所长、营业组副组长。1948 年 8 月至 1950 年 11 月，在南京邮电学校学习。1950 年 11 月至 1954 年 10 月，在南京邮电学校总务处从事财务工作、教导处伙食科任会计。1954 年 10 月至 1958 年 9 月，在南京邮政学校会计科任主办科员、出纳员、会计科长。1958 年 9 月至 1960 年 11 月，在南京邮电学院职工食堂任管理员。1960 年 11 月至 1970 年，在南京邮电学院任主管会计，负责财务处财会工作和计划工作。1970 年至 1980 年 7 月，先后任南京邮电学院一系行政干事、二系组织干事。1980 年 7 月至 1982 年 5 月，调回学院财务处任副处长。1982 年 5 月至 1983 年 3 月，任邮电学院劳动服务公司副经理。1983 年 3 月，离休。1995 年，获抗日战争胜利 50 周年银质纪念章一枚。2005 年，获抗日战争胜利 60 周年金质纪念章一枚。

刘同云

**刘同云**（1928—2006） 大学文化。1942 年 9 月，参加八路军。1942 年 12 月，加入中国共产党。1943 年 1 月至 1948 年，任汽车大队队长。先后参加莱芜战役、孟良崮战役、济南战役、淮海战役、渡江战役等大小战斗 20 多次。1950—1955 年先后参加了抗美援朝、空军基地建设，1960 年 8 月至 1967 年 8 月任空军司令部科研处处长。1967 年 8 月至 1970 年 6 月参加抗美援越。1970 年至 1988 年 8 月继续参加空军基地建设。1988 年 9 月，离休。享受副师职待遇。

刘博新

**刘博新**（1928—2018） 1941 年 2 月参加工作，中共党员，大专文化。1941 年 2 月至 1944 年，先后在八路军山东纵队第一旅军医处进行卫生训练，后到部队后方医院从事护理工作。1944—1946 年，任淄川县县政府秘书。1946—1951 年，先后在鲁中行署财务处、鲁中南行署财务处从事审计工作。1951—1963 年，历任泰山专员公署、泰安专员公署财政科会审股长、财政科副科长、山东省财政干部学校教导科副科长、山东省财经学院行政处副处长、贸易经济系党总支副书记等职务。1963—1972 年，任山东省委组织部处长。1972 年至 1990 年 11 月，先后任山东省交通邮政局财务组副组长，山东省交通厅计划财务处副处长、处长。1990 年 11 月，离休。享受正厅级待遇。

刘持庆

**刘持庆**（1940—2014） 字祝三，高中文化。1956 年参加工作。1962 年加入中国共产党。1957 年 3 月参军，为中国人民解放军济南军区四三仓库战士。1959 年 3 月至 1964 年，历任中国人民解放军军事博物馆战士助理员、处长、军博书画院专职画家。1988 年被授予上校军衔。1990 年改为文职。1995 年退休。1958 年 12 月至 1990 年 12 月，曾被评为优秀战士、五好战士、先进工作者、优秀共产党员。中国美术家协会会员，一级美术师，军事博物馆书画院专职画家，中国诗书画研究会理事，中国文联文苑专职画家。

# ◉ 名人与樵岭前

**张敬焘题写革命烈士纪念碑** 张敬焘（1914—2002），淄博市博山区大街人。抗日战争时期，历任中共博山县委书记、县长、益临工委书记、鲁中第五地委副书记。解放战争时期，历任中共淄博特委书记兼警备区政委，泰山地委副书记、泰山地委书记兼军分区政委。1951 年后，历任中共泰安地委书记兼军分区政委、中共上海普陀区委书记、中共青岛市委第一书记兼市长、市政协主席、中共山东省委常委、济南市委书记、山东省副省长、省政府特邀顾问。1998 年 2 月，离职休养。

1988 年 8 月 1 日，樵岭前村革命烈士纪念碑落成。张敬焘题写“革命烈士纪念碑”七个大字，镶嵌在纪念碑上方。

张敬焘早年参加革命。在其任中共博山特支书记期间，领导樵岭前村建立了党组织。1983 年，张敬焘从副省长的领导岗位上退了下来，先后被聘为省政府顾问、特邀顾问。1984—1988 年，张敬焘数次回到家乡，参与指导博山的旅游业发展。1985 年 2 月，张敬焘专程来到樵岭前溶洞，就溶洞的开发利用提出指导性意见和建议。1987 年 4 月，在博山区组织召开的旅游规划论证会上，对搞好樵岭前景区建设提出要求。

**李东鲁情系樵岭前** 李东鲁（1914—1986），原名李宗福，代名志夫，淄博市博山区东石村人。青年时在原籍当小学教师，抗日战争全面爆发后，在家乡参加抗日武装，曾先后担任中共博山四区特支青年委员，博山县委青年部部长、组织部部长、县委书记，博山工委书记。全国解放后调中共中央华东局工作，1959 年任中共上海市黄浦区委书记。

1941 年 3 月至 1943 年 1 月，中共博山工委书记李东鲁同中共淄川县新二区区委书记陈波平、区委委员孙曙光到樵岭前村，与孙兆鸿、孙学孔等人秘密联系，研究恢复党的组织活动，并决定重新建立樵岭前村党支部委员会，由孙兆鸿任党支部书记，恢复孙兆鸿、孙学孔等 14 名党员的组织生活。

新中国成立后，李东鲁长期在上海工作，一直关心革命老区的建设与发展，1985—1986 年，曾多次到樵岭前村关心指导工作，对樵岭前村旅游业发展提出了许多宝贵意见和建议。

**王颜山为樵岭前旅游景区撰写导游词并题字** 王颜山（1941— ），号青如，山东博山人。著名书法家，地方文史专家。1958 年起先后就职于淄博市图书馆、原淄博市博物馆、市群众艺术馆、市工人文化宫。1984—2004年，先后任中国民主同盟山东省委常委、山东省政协常委、民盟淄博市委主委，淄博市政协副主席。

1984年起，樵岭前村先后开发博山溶洞、王母池、淋漓湖等景点，王颜山为樵岭前旅游风景区编写导游词，先后为博山溶洞仙人田、龙吟洞、听泉观云、擎天柱、飞流叠瀑、长寿宫、锦缎垂花、灵山金塔、万古日规、蕴灵门、临溪听琴、天阶步云、璎珞垂花、珠玉玲珑、太白醉酒、金龟背子、蝙蝠守门、水晶宫18处溶洞景点撰写导游词。1986年，王颜山先后为樵岭前村题写“樵乡宜居”“桃一熟岁九千”“听泉观云”“烈士碑记”“山迎水送”“天演博物馆”“樵岭前森林公园”，为樵岭前旅游事业做出了突出贡献。

## ◉ 人物表

樵岭前村籍革命烈士一览表

表7

| 姓名 | 姓别 | 生卒年 | 牺牲时职务 | 牺牲地点 |
|---|---|---|---|---|
| 刘同祯 | 男 | 1938—1940 | 八路军战士 | 莱芜县王许庄 |
| 刘同修 | 男 | 1919—1941 | 八路军战士 | 莱芜县杨庄横 |
| 李昌信 | 男 | 1916—1941 | 八路军排长 | 新泰县杨家庄 |
| 李昌颜 | 男 | 1906—1941 | 八路军班长 | 新泰县单家庄 |
| 刘持芳 | 男 | 1914—1941 | 八路军班长 | 不详 |
| 刘长升 | 男 | 1925—1942 | 八路军战士 | 蒙阴县岱固山 |
| 刘同登 | 男 | 1914—1942 | 八路军干部 | 莱芜县吉山 |
| 刘云程 | 女 | 1921—1942 | 妇救会长 | 莱芜县吉山 |
| 刘同利 | 男 | 1899—1943 | 八路军连长 | 德州日伪监狱 |
| 刘升肇 | 男 | 1924—1944 | 八路军战士 | 沂源县高庄 |
| 刘升民 | 男 | 1920—1944 | 八路军排长 | 淄川县昆仑 |
| 刘同贵 | 男 | 1904—1944 | 八路军干部 | 长山县 |
| 孙兆恒 | 男 | 1916—1946 | 解放军战士 | 张店 |
| 赵纪训 | 男 | 1919—1946 | 解放军连长 | 莱芜县石家方下 |
| 孙兆华 | 男 | 1926—1947 | 解放军通讯员 | 沂源县南麻 |
| 孙启杰 | 男 | 1928—1947 | 解放军医院看护长 | 曹县土集庄 |
| 刘宝升 | 男 | 1919—1948 | 解放军营长 | 淮海 |
| 王新安 | 男 | 1923—1948 | 解放军副连长 | 淮海 |
| 孙兆泉 | 男 | 1920—1948 | 解放军教导员 | 兖州 |
| 刘同柱 | 男 | 1919—1948 | 解放军指导员 | 济南 |

# 大事纪略

樵岭前村历史悠久，文化底蕴深厚，清代是远近闻名的秀才村。抗日战争时期樵岭前村已成为革命根据地。中共十一届三中全会后，在党的领导下，樵岭前村走上改革开放道路，村民生产生活发生了巨大变化。

## 东周时期修筑齐长城樵岭前段

东周时期齐国修筑齐长城，其中樵岭前望鲁山北麓至梯子山段长度为 2350 米。

## 1940 年樵岭前村成立第一个中共党支部

根据抗日斗争形势的发展，樵岭前村成为博山县二区分区委地下党组织秘密联系点。为适应革命斗争的需要，经中共博山县二区分区委批准，建立了樵岭前村第一个党支部，孙兆丰任支部书记。1940 年全村已有党员 10 名。

## 1947 年莱芜战役外围阻击战望鲁山战斗

莱芜战役打响后，1947 年 2 月 20 日，华东野战军第八、九纵队各两个师埋伏于樵岭前村村南 500 米的望鲁山东南麓的普通、和庄两村两侧地区，向由博山南下的国民党 73 军 77 师发起攻击。至 21 日拂晓，国民党 77 师大部被歼，其残部向青石关方向突围至望鲁山时，被解放军截击，在望鲁山展开激战，77 师被全歼，77 师少将师长田君健被击毙于樵岭前村南 1 千米处望鲁山北麓的银锭沟。战斗结束后，樵岭前村民兵参加了清扫战场的活动。

## 1949 年樵岭前村被鲁中军区表彰为“支前模范村”

樵岭前村从 1937 年抗日战争全面爆发到 1949 年解放战争结束，全村村民积极报名参军，踊跃支援前线，先后有 126 人去前线保家卫国，有 20 人血洒疆场，为国捐躯。有 143 人为了支援前线先后参加了车子队、担架队、挑运队，支援莱芜、孟良崮、南麻、济南、淮海、渡江、解放上海和解放博山、张店、淄川等大小战役、战斗 130 多次，支前任务达 27 次。1949 年，鲁中军区在博山县四十亩地召开庆祝表彰大会，樵岭前村被授予“支前模范村”荣誉称号。

## ◉ 1953—1956 年修建淄博市孝妇河上游谷坊工程

1953 年，为了治理河床沟道，改缓坡降，缓洪拦沙，防止水土流失，淄博市重点工程孝妇河上游谷坊工程启动。该工程位于博山区孝妇河上游樵岭前村西南处，自 1953 年开工到 1956 年竣工完成。先后在王母池流域、淋漓沟流域建成大坝 35 座，分别长 20 米，高 6 米，宽 2 米；小坝 15 座，分别长 7 ~ 8 米，宽 1.5 米，高 2 米。

## ◉ 1985 年博山溶洞风景名胜区成为第一批省级五大风景区之一

1985 年 5 月 1 日，樵岭前溶洞正式向游人开放，成为全省农民办旅游第一家。9 月 24 日，山东省人民政府公布博山溶洞风景名胜区为第一批省级五大风景区之一。

## ◉ 1988 年樵岭前村革命烈士纪念碑落成

1988 年 8 月 1 日，为纪念在抗日战争和解放战争中英勇牺牲的 20 名革命先烈，樵岭前村在村西建起革命烈士纪念碑。

## ◉ 1998 年樵岭前村被淄博市人民政府认定为“印刷专业村”

樵岭前村自 1984 年开始先后建成“樵岭前”“王母池”“塑料商标”“装潢包装”“纸箱包装”“风景不干胶”等 10 几家印刷企业。1998 年，被淄博市政府命名为“印刷专业村”，同时获得全市“个体私营经济先进单位”荣誉称号。

## 1999 年博莱高速公路樵岭前大桥建成通车

博（山）莱（芜）高速公路樵岭前段，全长 1 千米，宽 23 米，双向四车道。1997 年 3 月开工建设，穿越樵岭前境内的隧道 1 条，特大高架桥一座。樵岭前特大桥，是一座跨 135 米的箱形拱桥，全长 460 米，高 85 米，两边跨度分别为 90 米。是山东公路史上第一特大高架桥，成为全省一大景观。1999 年 9 月，博莱高速公路樵岭前段特大高架桥建成通车。

## 2006 年樵岭前风景区被评为国家 AAA 级旅游景区

1984 年，樵岭前村在村东开发了北方罕见的樵岭前溶洞，村南开发了王母池、黑龙潭、天星湖，村西开发了淋漓湖，每年吸引数十万国内外游客前来游览，成了闻名遐迩的旅游胜地。2002 年 5 月 17 日，樵岭前风景区被命名为“国家重点风景名胜区”。2006 年 12 月，樵岭前风景区被评为国家 AAA 级旅游景区。

## 2015 年樵岭前村红色旅游纪念馆建成

2015 年，为纪念抗日战争暨世界反法西斯胜利 70 周年，樵岭前村建起了全省第一家村级红色旅游纪念馆，于 9 月 1 日开馆。通过图文、展板、展柜、实物等形式展示樵岭前村的历史文化发展历程。2016 年，红色旅游纪念馆被淄博军分区命名为“全市关心下一代教育基地”，同时被淄博市文物局命名为“乡村记忆博物馆”。

樵岭云岚

# 附录

# 中共樵岭前村总支委员会　樵岭前村村民委员会关于开发红色旅游工作的实施意见

为了充分挖掘和利用我村革命历史文化资源，积极调整旅游产业结构，大力发展红色旅游，深入开展爱国主义和革命传统教育，推动我村经济社会协调发展，根据《国务院关于加快发展旅游业的意见》，结合我村实际，现就加快发展我村红色旅游提出以下实施意见：

## 一、总体要求

（一）指导思想。开发红色旅游教育阵地要以邓小平理论和“三个代表”重要思想为指导，大力弘扬老区革命精神，牢固树立科学发展观，遵循新时期社会主义精神文明建设的特点和要求，以爱国主义教育示范基地为主要载体，进一步加强对我村革命历史文化遗产的有效保护和合理利用，发挥旅游产业优势，将革命传统教育与旅游开发有机结合，贴近实际、贴近生活、贴近群众，在上级党委和政府的正确领导下，积极参与市场有效运作，加强旅游重点项目建设，全面提升我村红色旅游开发和管理水平，努力推动樵岭前红色旅游及社会各项事业持续健康发展。

（二）基本原则。坚持正确引导与市场推进相结合，注重利用市场机制促进红色旅游发展；坚持重点突破与统筹兼顾相结合，注重特色红色旅游产品开发；坚持旅游业与相关产业融合发展，注重培育红色旅游新业；坚持产业发展与旅游惠民相结合，注重提高红色旅游综合效益；坚持资源开发与环境保护相结合，注重促进红色旅游可持续发展。

（三）目标任务。实现红色旅游产业化，使其成为带动全村经济发展的优势产业；重点革命历史文化遗产的挖掘、整理、保护、展示和宣讲等达到区域内先进水平；加快红色旅游发展，逐步形成机制健全、功能完善的红色旅游体系，使之成为爱国主义教育的重要阵地。

## 二、发展概况和主要景区（点）

（一）革命烈士纪念碑。樵岭前革命烈士纪念碑始建于 1987 年 10 月。为了纪念樵岭前村革命先烈设立。碑的正面，雕刻着“革命烈士纪念碑”七个金色大字。碑的左面和右面刻着每位烈士的简介。背面文为“樵岭前村革命烈士纪念碑记”。纪念碑的四周生长着苍松翠柏，四季常青，寓含着革命烈士的精神永葆青春、与世长存的深重意义。

（二）望鲁山战斗。

（三）攻打北大顶日伪军炮楼。

（四）樵岭前至莱芜日军战略公路。

**三、工作重点**

（一）充分认识发展红色旅游的重要意义。红色旅游是新形势下广大人民群众了解我们党领导人民的创业史、革命史、奋斗史，坚持党的领导、巩固党的执政地位的政治工程；是弘扬伟大民族精神、加强全民爱国主义教育特别是青少年思想道德教育、建设社会主义核心价值体系、促进文化大发展大繁荣的文化工程；是推动樵岭前村经济发展，提高全村人民生活水平的经济工程。要充分认识发展红色旅游的重要意义，把社会效益放在首位，坚持爱国主义、革命传统教育的正确方向，坚持遵循旅游发展规律，加强村两委领导，统筹规划，整合资源，突出特色，提高质量，拓展市场，努力为发展红色旅游而做出积极贡献。

（二）坚持科学规划，进一步优化景区（点）功能布局。围绕生态旅游、观光旅游，立足自身特色和资源优势，积极创新旅游发展理念，按照统一规划、分步实施、逐步到位原则，在充分调研和全面论证的基础上，邀请国内旅游规划设计单位，在原基础上重新编制《樵岭前旅游业发展总体规划》和相关红色景区、景点专项规划、重点红色旅游规划，以充分发掘、开发、保护、利用好现有的红色旅游资源，进一步优化旅游景区功能布局。

（三）优化发展环境，进一步提高红色旅游质量。紧紧围绕旅游业“吃、住、行、游、购、娱”六大要素，加快完善旅游服务功能。根据旅游业发展要求，进一步完善交通、水、电、通讯等旅游基础设施建设，加快建设红色旅游交通体系，以规范化经营、标准化服务、程序化运作为标准。进一步完善景区停车场、星级厕所、引导标识等公共服务设施。

**四、保障措施**

（一）加强组织领导，明确责任分工。加强对红色旅游工作的领导。成立发展红色旅游工作领导小组，研究制定全村发展红色旅游实施规划，研究解决发展红色旅游中存在的重大问题。民兵、团支部、妇联等组织要把加快发展我村红色旅游作为一项重要工作来抓，成立相应的协调工作机构，落实相关责任，制定具体工作方案，相互协作，各司其职，真正形成推动红色旅游发展的合力。

（二）筹集建设资金，完善配套功能。采取有效措施，加快红色旅游资源开发和红色旅游产品建设。将有关项目纳入全村经济和社会发展计划，安排一定的建设资金。要按照统一规划、突出重点、分期实施、有效推进的原则，认真抓好近期重点建设项目，以期早见成效。根据市场需求，科学安排与红色旅游发展配套的住宿和饮食设施，挖掘和推出能够反映红色文化的地方特色餐饮。开发特色鲜明的红色旅游商品，完善旅游购物服务配套功能。

（三）做好宣传促销，开拓客源市场。采取多种形式，广泛开展红色旅游的整体宣传，着力打造我村红色旅游的总体形象，不断扩大红色旅游的社会影响。加强红色旅游区域合作，要增强五区三县的宣传力度，搞好对外辐射，建立稳定的红色旅游客源市场网络。

（四）加快旅游队伍建设，培养旅游人才。利用现有的旅游人员，分级分类开展红色旅游教育培训工作。加强红色旅游管理人员、导游、讲解员的职业道德教育和服务技能培训，努力提高员工队伍整体素质，实现红色旅游服务向专业化、规范化和人性化方向发展。

（五）优化旅游环境，营造旅游氛围。明确职责，加强协作配合，搞好红色旅游市场秩序，净化红色旅游区（点）的游览环境，规范旅游饭店服务质量，营造红色旅游发展的良好环境。

二〇一四年十二月三十日

# 樵岭前村村规民约

为了更好地促进新农村发展，健全我村民主法制建设，维护社会稳定，树立良好的村风、民风，共创安居乐业的生活环境，将我村建成平安、和谐、文明、整洁的社会主义新农村。依据法律、法规和国家相关政策以及我村实际情况，经村民代表大会讨论通过，制定本村规民约：

一、全体村民都有保护耕地的义务，任何单位和个人不得私自占用耕地，不得非法买卖、转让土地。

二、全体村民都有保护景区、村内环境的责任和义务，道路两旁及河道内乱搭、乱建、堆放杂物、晒粪，严禁影响景区环境，村内环境和统一规划的任何行为。各单位、经营户、摊点要守法经营，禁止占道经营，要自觉搞好环境卫生，垃圾要入池，禁止向河道倒垃圾，排放污水污物。

三、全体村民都有保护林区资源的义务，严禁乱砍、滥伐、毁林、烧荒等破坏林木行为。自 2011 年 5 月 20 日起，如发现乱砍、滥伐、盗伐、毁坏树木者执行以下处罚措施：

1. 树木直径 10cm 以下者每株罚款 500 ~ 1000 元

2. 树木直径 10 ~ 15cm 每株罚款 1000 ~ 2000 元

3. 树木直径 15cm 以上或情节严重者，交上级林业主管部门依法处理。

4. 私自烧荒毁林者视情节处以罚款或交林业部门依法处理，山林承包户要依法履行承包合同并有保护林区的义务。

四、提倡晚婚晚育，严格执行国家计划生育政策，禁止计划外生育，违者除按国家法律、法规及相关政策严肃处理外，取消违法生育夫妇及其父母所有村级福利待遇，其父母已享受的立即停发。

为了加强计划生育管理，自 2011 年 6 月 1 日起凡我村结婚出嫁到外村的，须向村委缴纳 5000 元押金，户口迁出后退还押金，否则村委不给予出具任何生育或其他证明。

五、严格执行村庄规划，单位和个人有建设项目，必须向村委提交申请。村民旧房翻建、扩建必须征得四邻同意并签字交村委备案，在不影响村庄统一规划的前提下，经村委同意方可施工。

六、村民要自觉保护公益设施（体育器材、标志牌、转弯镜、自来水管网及供水、排水设施等）。严禁占用公益活动场地场所。节约用水，严禁污染水资源。

七、任何单位和个人不得违法制造、买卖、私藏管制机械、刀具、雷管、炸药等凶器和危险品。严禁打架斗殴，任何人不得以各种借口聚众寻衅滋事，扰乱社会治安，危害公共安全。

八、适龄青年有依法服兵役的义务。退伍军人应依法服预备役，并参加民兵编制。

九、要尊老爱幼，保护老人、妇女、儿童的合法权益，父母对子女有依法履行抚养的义务，子女对父母有依法履行赡养的义务。

十、村民应遵纪守法，提倡健康文明的生活方式，提倡节约，反对婚嫁、丧葬大操大办。严禁赌博、偷盗等违法行为；反对利用迷信造谣惑众；严禁制造、传播淫秽物品；

严禁参加非法邪教组织。

十一、执行信访条例，不得违法违规上访。

十二、违反村规民约视情节轻重处理如下：

1. 批评教育。

2. 责令恢复原状或作价赔偿，并处罚金。

3. 取消或暂缓享受村级各种优惠待遇。

4. 情节严重，触犯法律或构成犯罪的由有关部门依法处理。

十三、外来住户、务工人员、暂住人口要到村委进行登记，并执行本村规民约。

十四、本村规民约有与国家法律、法规、政策向抵触的按国家法律法规政策执行。

十五、本村规民约于 2011 年 5 月 14 日村民代表大会讨论通过。自通过之日起执行。

# ◉ 主要参考文献

焦仁芳、杨长嬴著:《博山区志》，山东人民出版社，1990 年。

李文著:《淄川区志》，齐鲁书社，1990 年。

李化民著:《 莱芜市志》，山东人民出版社，1991 年。

山东省委党史研究室编:《中共山东党史大事记》，山东大学出版社，1992 年。

赵加洋、荣炳华著:《淄博市志》，中华书局，1995 年。

焦方刚著:《博山年鉴（1986—1997 年）》，中华书局，1999 年。

路宗元著:《齐长城》，山东友谊出版社，1999 年。

张新清、焦方刚著:《博山区志（1986—2002）》，中华书局，2002 年。

刘秋增、孙其海著:《山东强镇名村志》，山东地图出版社，2002 年。

李德明、孙其海著:《山东旅游年鉴》，中国工人出版社，2004 年。

# ◉ 编纂始末

《中国名村志丛书·樵岭前村志》（以下简称《樵岭前村志》）编纂工作始于2018年6月，经过一年半的努力，终成初稿。村两委十分重视编纂工作，专门成立《樵岭前村志》编写领导小组，将编纂工作列入年度重点工作，并给予人力、财力保证，确保了编纂工作的顺利进行。

樵岭前村历史悠久，文化底蕴深厚，风景秀美，被誉为鲁中山水画廊。20世纪80年代中期，开始开发旅游资源，建成国家级风景名胜区，在全国率先走出了一条农民办旅游的路子。樵岭前村具有光荣的革命斗争传统，革命战争时期是著名的鲁中革命根据地，有丰富的红色文化资源，传承着深厚的红色革命基因。樵岭前村村民在长期的生产、生活实践中创造了光辉灿烂的物质文明和精神文明，可志可记、可歌可泣。在编纂过程中，我们认真查阅大量档案资料和多部史料文集，深入村居和民间采访，广泛收集整理口述资料，分门别类比较鉴别，注重入志资料的广泛性与可读性，本着大事不漏及要事、特事不丢的理念，突出“名”“优”“特”，坚持名村志编纂体例和原则。其间，根据上级业务部门与专家的审稿意见，反复修改，精心打磨，数易其稿。

在编写过程中，得到中国地方志指导小组办公室、方志出版社、山东省委党史研究院（省地方史志研究院）、淄博市委党史研究院（市地方史志研究院）、博山区党史与地方史志研究中心领导及专家的大力支持和精心指导。市、区、街道相关职能部门，社会各界人士和很多村民为本书的编纂提供了有关资料和线索。在《樵岭前村志》付梓之际，特向所有为编纂工作给予支持和帮助的领导、专家和社会各界人士表示诚挚感谢！

编纂一部《樵岭前村志》是一项浩繁的系统文化工程，尽管编纂人员付出艰辛努力，但因时间仓促，加之我们水平有限，存在纰漏难免，恳请各级领导、志界同仁、专家学者及广大读者批评指正。

编者

2019 年 9 月